나를 다듬는 것들

후배들에게 전하는 어떤 인생 선배의 고언(苦言)

나를 다듬는 것들

초판 1쇄 인쇄일　2023년 12월 20일
초판 1쇄 발행일　2023년 12월 27일

지은이　　강일구
펴낸이　　최길주

펴낸곳　　도서출판 BG북갤러리
등록일자　2003년 11월 5일(제318-2003-000130호)
주소　　　서울시 영등포구 국회대로72길 6, 405호(여의도동, 아크로폴리스)
전화　　　02)761-7005(代)
팩스　　　02)761-7995
홈페이지　http://www.bookgallery.co.kr
E-mail　　cgjpower@hanmail.net

ISBN 978-89-6495-282-5 03190

후배들에게 전하는 어떤 인생 선배의 고언(苦言)

나를
다듬는
것들

강일구 지음

BG 북갤러리

평범한 사람이 전투처럼 살아오면서 느낀 것들!

두 번째 책을 쓴다.

첫 번째 책은 아들과 딸이 사회로 나갈 때 들려주고 싶었던 세상 이야기를 쓴 《아버지가 전해주는 행복과 성공의 비밀》이라는 제목으로 출간하였다.

책을 출간하고서는 아쉬움과 모자람이 많았다. 그럼에도 두 번째 책을 내기로 결심한 것은 모자람이 채워진 것은 아니지만 무엇인가 못다 한 이야기가 남은 것 같은 아쉬움에서다.

직장생활을 하면서 또 사업을 하면서 순간순간 느꼈던 것을 다시 모아서 정리해본다.

지금, 이 순간도 어떻게 살아야 할지, 삶의 진정한 가치가 어디에 있는지, 마지막 남은 생을 어떻게 마감할 것인지 혼란스러울 때가 많이 있다. 이 책을 출간해도 괜찮은지 하는 갈등도 있다. 그러나 평범한 사람이 살아오면서 느꼈던 이야기를 세상에 내어놓는 용기를 다시 내어본다.

세상이 알아줄 만큼 큰일을 한 사람은 아니지만 '평범한 사람이 전투처럼 살아오면서 느낀 것이니까 그래도 공감을 받을 수 있지 않을까.' 하는 소망과 가슴에 담아두기에는 답답함이 있어 결심하게 된 것이다.

사회생활은 때로는 정글 속에서 길을 찾아 나가는 것과도 흡사하다. 때때로 각종 곤충과 해충, 동물들이 우글거리는 위험 속에서 길을 찾아야 한다. 어떤 마음과 방법으로 길을 찾을 것인지는 자신에게 달려있다. 나침반 하나라도 있으면 한결 위안이 될 것이고 불안감과 두려움을 조금은 덜어낼 수 있을 것이다.

오늘, 이 순간이 어렵고 고통스러워도 오늘을 값지고 충실하게 보내야 내일의 희망을 기대할 수 있다. 작은 것부터 마음을 가다듬어보는 잠시의 명상이 필요한 것이다.

고도성장 속에서 과학과 문화는 놀랄 만큼 빠르게 변화하지만, 사람만이 가지는 감성과 이성은 기계화가 될 수 없고 공식화되는 것도 아니다. 이러한 문제의식 속에 마음을 가다듬어보는 순간이 되었으면 하는 바람 속에서 이 책을 펴낸다.

2023년 11월

강일구

차례

불행은 여러 가지 부정적 요인이 흩어져 있어
이를 극복하지 못할 때 나타난다.

1장

나를
다듬는
것들

'공감 능력'은 현대사회를 살아가는 데 있어서 가장 필요한 능력

**공감은 소통의 기본이 되고 인간성의 기본이 되는 것으로,
공감 능력은 인간다움을 의미한다고 할 수 있다.**

공감은 타인의 생각이나 감정을 함께 느낄 수 있는 것을 말한다. 타인의 감정을 느끼지 못하는 사람은 인류의 2% 정도라고 하며, 나머지 대부분 사람은 천성적으로 공감 능력이 있어 이를 통해 사회적 연대를 맺을 수 있다.

공감 능력은 연민이나 동정과는 다르다. 공감 능력이 부족한 사람은 다른 사람에게 악의는 아니더라도 피해를 주는 경우가 있다. 이런 사람은 자신의 행위가 타인에게 어떠한 피해를 주는지, 어떠한 영향을 미치는지 이해하지 못한다. 이런 사람이 직장의 상사로 있다면 그 부하직원은 정신적으로 상당한 피해를 보고 자존감에 상처를 받게

된다.

공감 능력이 부족한 사람은 자기 생각에 갇혀있고, 이기적이며, 타인의 고통을 감지하지 못한다. 이러한 현상은 친구를 따돌리고, 부모가 자식에게 폭력을 행사하고, 부하직원에게 갑질을 하는 등 죄의식과 죄책감이 없는 비인간적인 모습으로 나타난다.

요즈음 매일 TV에 나오는 정치 집단을 보면 공감 능력이 부족한 사람들만 모아놓은 해괴한 집단들 같다. 집단적 이기주의, 왜곡된 상식, 법치를 외치면서 불법을 밥 먹듯 자행하며 국민을 속이는 일 등은 사회의 지도계층이 아니라 망국을 촉진하는 나라의 기생충 같아 보인다. 그래서 공감 능력은 현대사회를 살아가는 데 있어서 가장 필요한 능력 중 하나라고 생각된다.

대부분 사람은 자신의 마음을 타인이 비판 없이 있는 그대로 이해해주길 바란다. 그러므로 상대방의 감정을 같이 느끼고, 감정과 연결된 경험과 행동을 이해해주는 것이 무엇보다도 중요하다.

부모와 자식 간에도 자식의 행동과 말에 공감하지 못하고 일방적으로 훈계만 하려고 한다면, 자식은 부모와 멀어져 부정적인 사고를 하게 된다. 이는 자기감정에만 충실하여 상대방의 감정에 초점을 맞추지 못하고 인간적인 이해를 하지 못하기 때문이다.

그런 와중에 간혹 가족이기에 오히려 더 큰 애착과 집착으로 인해 타인에게는 하지 않는 상처받을 말을 더 많이 하기도 한다.

공감은 소통의 기본이 되고 인간성의 기본이 되는 것으로, 공감 능력은 인간다움을 의미한다고 할 수 있다. 그리고 공감은 서로 돕는 협력적인 인간관계로 발전하게 되는 것이다.

과학이 발전하여 인공지능이 사람의 영역을 대신하는 공간이 많아지고 있지만, 아무리 우수한 인공지능이라 할지라도 공감 능력을 갖추지는 못한다. 공감 능력은 오로지 사람만이 가질 수 있는 능력이고 인간성의 기본이 되는 것이다.

자신을 남보다 못하거나
무가치한 인간으로 보는 '열등감'

자신이 좋아하고 잘하는 일을 찾고, 자신을 돋보이게 하는 분야를 찾기 시작해야
자존감을 높이고 열등감을 지울 수 있다.

자기를 남보다 못하거나 무가치한 인간으로 낮추어 평가하는 감정을 '열등감'이라고 한다.

열등감을 가진 사람은 자신의 상처나 약점에 너무 집중하다 보니 자신을 불쌍히 여기고, 남과의 비교를 통해 공공연히 심리적으로 쪼그라들어있다.

대개 높은 성취를 한 이들일수록 또는 남들에게 대단한 사람으로 보일수록 자신의 형편없음이 들통나지 않을까 고민하게 된다. 이들은 자신의 진짜 능력은 보잘것없다고 믿고, 이 사실이 남에게 알려질까 봐 두려워하기도 한다(이러한 현상을 '가면현상'이라고 한다).

이런 사람이 우리 주변에 생각보다 많다는 사실이다. 이런 경우엔 자기 생각을 먼저 바꿔야 하며, 생각을 바꾸려면 남들 보기에 더 자신감 있게 행동해야 한다. 이게 반복되다 보면 스스로도 그렇게 믿게 되고 생각이 바뀌게 된다.

사람은 자신이 바라는 것을 중심으로 사고하는 경향이 있는데 이러한 확증편향은 맞을 때도 있고 틀릴 때도 있다. 대부분 사람은 혼자 있을 때는 열등감에 사로잡힐 때가 있어도 상대가 있으면 자신의 가치를 높이 평가한다. 자신의 결핍과 공허를 채우기 위해서는 한국인이 가장 많이 취하는 방법의 하나로 다른 사람을 모멸(侮蔑)하는, 잘못된 경우도 있다.

사람의 자존감은 객관적으로 인정을 받거나 성취감을 느꼈을 때 높아진다. 사회생활을 하면서 점진적으로 자신이 좋아하고 잘하는 일을 찾게 되고, 자신을 돋보이게 하는 분야를 찾기 시작하는데 이런 노력이 자존감을 높이고 열등감을 지울 수 있을 것이다.

정말 자기 자신이 다른 사람에 비해 능력이 떨어지고 초라하다고 생각하여 이를 숨기기 위해 과장된 과시와 자기 경력에 대해 거짓으

로 포장하여 행동하는 사람도 생각보다 많다. 이들은 혼자 있을 때 열등감에 사로잡혀 괴로워하고 몹시 불안해한다. 이런 상태가 지속되면 막연한 상태로 두려움과 초조감이 동반되고 특정한 상황이나 사물, 사람에 대한 공포감을 가지게 된다. 심하면 강한 불안감에 휩싸이게 되는 공황장애를 겪을 수도 있다.

이를 극복하기 위해서는 자기 자신에 대한 확신과 신념을 가지는 자아 정체감 형성이 중요하다 할 것이다. 이러한 자아 정체감 형성은 평생에 걸쳐 이루어지는 과정으로 볼 수 있다.

'변화'는 새롭게 도전하는 사람에게 기회를 준다

변화에 대응하기 위해서는 치밀한 전략과 준비가 필요하다.
계속 성장하기 위해선 더욱 발달된 새로운 아이템과 시장 상황에 맞는 사업영역을 확장해야 한다.

규모가 작은 식당이 음식 맛이 훌륭하여 문전성시를 이루는 예를 종종 볼 수 있다. 그러다가 어느 날 주인은 그동안 모은 돈으로 건물을 몇 배나 크게 새로 짓고, 많은 돈을 들여 실내 장식을 하여 새롭게 오픈하였으나 매출은 종전의 자그맣게 운영하던 식당보다 못 미쳤다. 왜 그럴까?

품질에 대한 표준화(메뉴얼화 및 계량화)가 되어있지 않은 상태에서 규모만 키웠으니 과거의 품질을 유지하기가 어려운 것이다. 또한 규모가 커진 만큼 종사하는 인력도 늘었는데 새로운 사람의 숙련도는 낮았기 때문이다. 이러한 이유로 종전보다 품질은 떨어지고, 따라서 찾아오는 손님도 줄어들 수밖에 없는 것이다.

변화에 대응하기 위해서는 치밀한 전략과 준비가 필요하다. 기업도 마찬가지다. 현재의 아이템과 시장이 무한히 성장하는 것이 아니므로 계속 성장하기 위해선 더욱 발달된 새로운 아이템과 시장 상황에 맞는 사업영역을 확장해야 한다.

이젠 평생직장이라는 개념 자체가 없어진 사회다. 평생직업은 있어도 평생직장은 없는 것이다. 사회환경은 소셜네트워크 사회로 변화하여 웹으로 이루어지는 거래와 소통이 점점 많아진다. 인공지능과 인터넷 사회는 새로운 비즈니스의 기회가 많아지고, 과거의 일자리는 없어진다.

세상은 끊임없이 변화한다. 이러한 변화에 대응하기 위해서는 끊임없는 노력이 동반되어야 한다. 과거의 고정관념에서 탈피하여 시대의 흐름을 읽고 시대변화에 발맞추어 자신의 미래를 예측하고 바꾸어 나가야 한다. 현실에서 성실하게만 하여 주어진 일만 하다 보면 창의성이 없어진다. 성실하게 일하는 자세에서 창의성을 연결해야 하고 끊임없는 지식을 책이나 신문을 통해서 습득해나가야 할 것이다.

　변화는 새롭게 도전하는 사람에게 기회를 준다. 변화는 적응력을 키워준다. 변화를 싫어하면 적응할 수 없다. 과학적 지식의 양은 8년마다 두 배로 늘어나고 있다고 한다. 지식의 급격한 성장은 시간이 갈수록 심화하고, 삶의 주요개념이 일시성, 다양성, 가속성 등으로 일반화되어가고 있다. 정보화 시대라고 불리고 있긴 하지만 지식의 시대라고는 하지 않는다. 정보가 지식으로 바뀌는 것이 아니고 정보를 찾아서 흡수하고 이해하고 통합하여 간직하는 과정을 거쳐야 지식으로 바뀐다. 그래서 우리는 이러한 과정을 끊임없이 거치며 변화에 적응해야 한다.

항상 주위에 감사해야 할 '소중함'이
너무나도 많다

**소중한 것은 항상 가까이 있다. 일상에서 느끼지 못하고 생활하는 하나하나가
너무나 소중한 것들이라는 것을 항상 생각해야 한다.**

사람들은 직업적인 성공을 더 나은 보수와 직함, 근사한 자동차와 사무실 등이라 생각한다. 그것을 가지려고 다른 것을 제쳐놓고 오로지 그 목표를 향해 매진한다. 그러나 그것을 다 가졌을 때는 '아! 이것이 아니구나.'라는 때늦은 후회를 하는 경우가 많다.

원하는 것들을 다 가졌을 때는, 가족은 이미 멀리 있어 마치 사막 한가운데 있는 것 같은 외로움을 느끼게 된다. 게다가 친구들도 멀어져 있어 세상에 마치 고아가 된 것처럼 적막감을 느끼기도 한다.

소중한 것은 항상 가까이 있는데 소중함을 잊어버리고 나서야 비

로소 소중함을 깨닫는다. 평소 자신의 주위에 있는 사소한 것들이 정말 소중한 것이고 행복이라는 것을 우리는 잊고 산다.

가족이 함께할 때는 으레 그러려니 하고 살던 것이 가족이 흩어져 살거나 본의 아닌 결손가정이 되었을 때는 가족의 소중함을 뼈저리게 느낀다.

미국의 4대 대통령 토머스 제퍼슨은 "내 인생에서 가장 행복했던 순간은 집에 있는 가족의 품에서 보낸 얼마 안 되는 시간이었다."라고 말한 바 있다. 새겨볼 말이다.

친구가 옆에 있을 때는 친구의 소중함을 잘 모르다가 친구와 멀어졌거나 사고로 인하여 친구가 없어졌을 때 친구의 소중함을 더 느낀다.

매일매일의 생활에서 건강한 모습으로 지내다가 병이 왔을 때야 건강의 소중함을 느낀다. 우리는 일상에서 느끼지 못하고 생활하는 하나하나가 너무나 소중한 것들이라는 것을 항상 생각해야 한다.

자신의 노력 없이도 하늘이 준 소중한 선물이 많이 있다. 밤하늘의

별과 아름다운 꽃을 볼 수 있는 대자연이 있고, 그것을 보는 눈을 가졌으며 느낄 수 있는 마음을 가지고 있다. 이 얼마나 경이로운 일인가?

하지만 이러한 경이로운 소중함을 우리는 일상에서 느끼지 못하고 살아간다. 항상 나 자신의 주위에 감사해야 할 소중함이 너무나도 많은데…….

마음의 상처와 용서하는 '용기'

상처를 준 사람을 용서하려면 용기가 필요하다. 용기 있는 사람은 위축되지 않으며
남을 용서하고 정당하게 경쟁하고 당당하게 살아갈 수 있다.

행복하게 보이는 사람이나 대단한 지위에 있는 사람일지라도 그
이면에는 누구에게나 마음의 상처와 아픔이 있다. 살면서 그 상처를
들어내 보이지 않을 뿐이다.

사람과의 관계에서 인간적인 모욕감을 느낄 때도 있고 수치심을
느낄 때도 있다. 그것은 곧 마음의 상처가 되어 잠을 못 이루고 고민
하며 자신의 행동을 몇 번씩이나 되새겨 보기도 한다.

그러나 대부분 상대방은 대수롭지 않게 행동하고 본인의 언행이 상
대방에게 상처를 준 것인지조차 의식하지 못하는 경우가 허다하다.

자신이 상처를 받아 아파하면서도 똑같이 가해자가 됨을 모르면서 내 상처만 아파해 한다.

- 타인에게 무례한 발언을 자주 하여 상처를 주는 사람
- 쓸데없는 관심을 가지고 오로지 자신의 주장만 올바른 것으로 착각하는 사람

이렇듯 습관적으로 타인의 행동을 비판하는 사람들이 주위에는 예상외로 많이 존재한다. 될 수 있으면 이를 무덤덤하게 받아들이고 가볍게 넘어갈 수 있도록 해야 한다.

누군가를 원망하는 마음을 가지면 스트레스가 쌓이고 질병의 원인이 될 수 있다. 싫은 사람, 원수처럼 미운 사람을 용서하고 될 수 있는 대로 기억에서 잊어버리려고 노력하면, 시간이 흐르고 나면 밉고 싫은 감정이 누그러진다. 이는 결국 자신을 위하는 것이 된다.

사람은 누구나 이면 세계에 진실한 자아와 위선, 가식으로 포장된 자아와의 갈등으로 싸움한다. 어느 자아가 이기느냐에 따라 선하고 바른 사람으로 사느냐, 또는 비열하고 가식적인 사람으로 살아가느냐가 결정된다.

위선과 가식으로 생활하고 사고하는 것이 오랜 기간 지속되면 그 위선과 가식에 본인 스스로가 최면상태에 빠져 진실인 것처럼 행동하고 사고한다.

얼마 전 전국을 시끄럽게 한 전직 장관이자 대학교수를 지낸 사람을 대표적인 사례로 들 수 있겠다. 가지지 못한 자와 많이 배우지 못한 자, 사회적 지위가 없는 많은 서민에게 커다란 마음의 상처를 주고 국민의 마음을 갈라놓았다. 가장 정의로운 체하면서 잘못에 대해 인정하지 않는다.

용기 있는 사람은 위축되지 않으며 시련을 이겨내고 유혹을 물리친다. 상처를 준 사람을 용서하려면 용기가 필요하다. 그래야 자기자신과의 싸움에서 먼저 이기고, 남을 용서하고, 정당하게 경쟁하고, 당당하게 살아갈 수 있다.

어떤 구실이라도 만들어
자신과 타인을 기만하는 행동 '거짓'

신뢰를 상실하면 일순간에 돈과 명성, 명예를 모두 잃어버리는 경우가 허다하다.
신뢰, 신용, 신의는 거짓 없는 성실 속에 이루어지는 자산이다.

모든 사람은 하루 평균 1.5회씩 거짓말을 하고 처음 만나는 사람 앞에서도 10분 만에 거짓말을 세 번이나 한다고 한다.

거짓말을 하면 마음이 두렵고 불안해지고, 기억력이 아주 좋아야 자기의 거짓말이 탄로 나지 않도록 두 가지, 세 가지의 거짓말이 더 필요해지고, 그러므로 거짓말은 연쇄반응을 일으킨다. 그래서 거짓말을 잘하는 사람은 대체로 눈빛이 이상하다. 불안해하고, 무엇인가를 항상 살피는 듯한 눈빛이다. 거짓 없이 정직하면 마음이 당당하다. 다른 사람을 속이는 일이 없으므로 언제나 떳떳하고 다른 사람 앞에서도 두렵지 않다.

신의, 신용, 신뢰는 거짓이 없는 정직한 행동에서 얻어지는 자산이다. 인간관계에서 기본이 되는 바탕에는 성실함이 있다. 성실은 거짓 없이 최선을 다하는 것이며, 성실과 정직은 인생에서 행복을 가져다주는 중요한 요소가 된다.

사람은 모든 관계 속에서 운명이 결정된다. 어떤 면에서 운명은 타고나는 것이 아니라 관계를 통한 선택에서 좌우된다. 거짓말로 남을 속여서 맺는 관계는 언젠가는 진실이 밝혀진다.

거짓말을 많이 하다가 보면 자기의 거짓말, 실패, 불안 등의 원인이 자기의 결함이나 무능력 때문이지만 어떤 구실이라도 만들어 자신과 타인을 기만하는 행동으로 합리화시키고 이를 진실인 것처럼 생각하게 된다.

자기의 약점을 숨기려고 거짓말을 자주 하게 되면 그 거짓말이 탄로 날까 봐 전전긍긍하게 되고, 합리화시키려고 또 거짓말을 하므로 그 불안증세는 떨칠 수가 없게 되고, 이러한 현상이 지속될 때 정신건강을 악화시켜 불안증세나 공황장애로까지 발전될 수 있다.

거짓으로 포장된 사고와 행동에 그대로 머무르면 삶은 몰락의 길로 가게 된다. 진실만이 삶의 빛을 가져다준다. 시간이 걸리더라도 진실되게 살아야 매사 당당해질 수 있다. 거짓으로 삶이 이어지면 보람을 느끼지 못한다. 만약 자신의 삶이 오늘 끝난다고 가정하고 지금까지의 삶을 돌이켜볼 때 거짓으로 점철되었다면 얼마나 큰 후회와 회한 속에 몸서리칠 것인지는 자명한 일이 아닌가?

신뢰를 상실하면 일순간에 돈과 명성, 명예를 모두 잃어버리는 경우가 허다하다. 이를테면 유명연예인이 딱 한 번 마약을 했다는 사실 때문에 출연료와 광고 수입을 한꺼번에 잃어버리고 삶을 망치는 경우를 볼 수 있다. 이처럼 신뢰, 신용, 신의는 거짓 없는 성실 속에 이루어지는 자산이다.

품위 있는 행동과
지혜롭게 자기관리를 하는 '멋있는 사람'

인품으로 어우러진 얼굴, 의상, 행동의 조화에서 나오는 은은한 향기로운 사람이야말로
힘을 가지고 있는 멋있는 사람이다.

'멋'의 사전적 의미는 차림새, 행동, 됨됨이 따위가 세련되고 아름다움 또는 품격이나 운치를 지님을 뜻한다.

아름다움과 멋스러움을 느끼고 감상할 수는 있어도 만들어 내는 것은 어렵다. 세련된 교양과 단아한 몸가짐, 품위 있는 행동과 지혜롭게 자기관리를 하는 사람은 멋있는 사람이다. 많이 배우고 지식이 있다고 해서 반드시 지성미가 있는, 멋있는 사람은 아니다.

사람들은 유능하고 매력적인 사람을 좋아한다. 이런 사람들과 같이 있으면 자신의 주가가 올라가고, 밝고 긍정적인 사람 옆에 있으면

따라서 밝아지고 긍정적인 분위기로 된다. 이런 사람이 멋있는 사람이다.

얼굴이 주는 이미지도 매우 중요하다. 얼굴은 인품의 표현이다. 마음이 어두우면 얼굴도 어두워 보이고, 마음이 밝으면 얼굴도 밝게 보인다. 온화하고 기품있는 얼굴이 우리가 바라는 얼굴이다. 사람의 얼굴을 보고 직업을 짐작할 수 있으면 그 사람은 직업으로 인해 찌든 사람이다. 깡패를 보면 깡패 같고, 경찰을 보면 경찰 같은 사람, 기자를 보면 기자 같은 사람, 이런 사람들은 모두 그 직업으로 인해 찌든 사람이다.

링컨은 "사람은 나이 사십이 되면 자기 얼굴에 대하여 책임을 져야한다."라고 했다. 마음과 행동이 얼굴의 표정을 변화시키는 것이다.

의상이 주는 이미지도 중요하다.
벤저민 프랭클린은 "음식은 자신이 즐겁도록 먹어라. 그러나 옷은 남의 눈에 즐겁도록 입어라."라는 말을 했다. 미소와 웃음은 호의를 전달하는 가장 효과적인 수단이며, 사람들은 누군가를 만나면 2~3분 이내에 그 사람에 대한 첫인상을 형성한다. 그때 가장 중요하게

취급하는 정보는 그 사람의 외모와 복장 같은 겉모습이다. 복장은 인간관계와 비즈니스에 많은 영향을 준다.

첫인상은 4초 만에 형성된다고 한다. 그 요인은 생김새, 복장, 표정, 말투 등으로 각인된다.

첫인상은 잘 바뀌지 않는다. 초기 정보가 후기 정보보다 훨씬 더 중요하게 작용하는데 이를 초두효과(Primary Effect)라고 한다. 또한 처음에 들어온 정보가 나중에 들어오는 정보에 대한 해석지침을 제공한다. 이러한 현상을 맥락효과(Context Effect)라고 한다.

높은 인품으로 어우러진 얼굴, 의상, 행동의 조화에서 나오는 은은한 향기로운 사람이야말로 예의범절이 바르고, 자신의 능력을 최상으로 끌어올리는 힘을 가지고 있는 멋있는 사람이다.

'말조심' – 남을 헐뜯는 가십은 살인보다 위험하다

가십은 반드시 세 사람의 인간을 죽인다. 즉 가십을 퍼뜨리는 사람 자신,
그것을 반대하지 않고 듣고 있는 사람, 그 화제가 되고 있는 사람

자기 자신도 잘 모르는데 어떻게 남을 100% 알 수 있겠는가? 세상을 살면서 남의 말을 믿다가 바보가 되는 경우가 종종 있다. 은행원의 말을 믿고 펀드에 투자한 돈을 다 날린 예도 있다.

사람은 누구나 본인의 입장에서 사물을 보고, 판단하며, 주장한다. 대부분 사람은 자기의 가치를 최선으로 착각하여 남을 설득하려 한다. 나 자신이 세상을 알면 얼마나 알겠는가? 자신이 살아온 환경과 경험은 지구상의 수많은 사람 중 그저 모래알 하나 정도의 한정된 지식이고 경험일 것이다. 그런데 경험해보지 못하고 전문지식이 없는 분야임에도 불구하고 남의 말을 그대로 따라간다는 것은 어쩌면 허

수아비나 로봇에 불과할 것이다.

"열 길 물속은 알아도 한 길 사람 속은 모른다."라는 말이 있다. 사람이 무슨 마음을 가지고 있는지 파악할 수 있는 것은 그 사람의 자세와 태도, 습관 그리고 주위에 어떤 사람이 있는가를 보고 판단해야 한다.

내가 청하지도 않았는데도 참견하고 자기 의견을 주책스럽게 말하는 사람, 알랑거리며 비위를 맞추려고 하는 말, 옳고 그름을 가리지 않고 함부로 말하는 사람, 남을 헐뜯고 남의 단점만 말하는 사람, 이간질하는 말, 나쁜 짓을 유혹 또는 부추기는 말이 주위에는 항상 널려 있음에 나 또한 제대로 된 말 한마디라도 하고 사는지 생각해 봐야 한다.

요즈음은 비대면이어서 그런지 SNS로 하고 싶은 말을 사회에 다 쏟아낸다. 악의적인 댓글로 상대방에게 깊은 마음의 상처를 주기도 한다. 지식인이라고 지칭하는 사람이 유튜버가 되어 온갖 간교스러운 말을 사회에 던지며 자기의 존재감을 과시하려 하는 비인간적인 존재들이 너무나 많이 널려 있다.

탈무드의 명언 중에 "남을 헐뜯는 가십(Gossip)은 살인보다 위험하다. 살인은 한 사람밖에 죽이지 않으나 가십은 반드시 세 사람의 인간을 죽인다. 즉 가십을 퍼뜨리는 사람 자신, 그것을 반대하지 않고 듣고 있는 사람, 그 화제가 되고 있는 사람."이라는 말은 새겨볼 일이다.

톨스토이의 '당신에게 인생을 묻습니다.'에서 따온 글

참된 말은 즐거움을 주지 못하고
달콤한 말에는 진실이 없다.

착한 사람은 말다툼을 피한다.
논쟁을 즐기는 사람은
이미 착한 사람이 아니다.

무슨 말을 할 때는 먼저 여러 번 생각하라.
당신이 지금 침착한 상태에 있고
착한 마음 사랑하는 마음을 느끼고 있다면

무슨 말을 해도 별로 실수하는 법이 없다.

그러나 혹시 당시 침착성을 잃고

감정이 들떠 있다면

말로 죄를 짓기 쉬우니 특별히 조심해야 한다.

'분수' – 자신의 그릇을 알고
미래를 설계해야

남을 부러워하는 마음을 억누르고, 비교하지 말고,
진정한 자신의 위치와 분수에 맞는 생활과 목표설정이 중요하다.

사람들은 남의 말하기는 쉽게 하여도 막상 자기 자신에 대해서는
잘 모른다. 내 생각이 어떠한지? 나의 생활은 분수에 맞게 하고 있는
지? 나의 직업이 적성에 맞는지? 창업하여도 나 자신에게 적합한 아
이템인지? 이러한 분석을 냉철하고 객관적으로 해보고 있는지? 직
장생활을 계속하여야 할 것인지, 창업을 하여야 할 것인지도 이런 나
를 잘 알아야 결정이 용이하다.

창업도 소규모 자영업을 할 것인지, 기업형으로 회사를 만들어
야 할 것인지를 고민해야 한다. 소규모 자영업이라면 식당, 프렌차
이즈 매장, 당구장, 피시방, 피부관리실, 스크린골프연습장, 사진

관, 완구점, 문구사, 서점, 커피숍, 전통찻집, 의상대여(한복, 스포츠 등), 의류소매업, 편의점, 스포츠용품점 등 다양한 업종이 있을 수 있다. 이러한 소규모 자영업도 어떤 업종이 자기 자신에게 적합하고, 사업성이 있고, 신나게 일할 수 있는지를 연구·분석해야 한다.

중소기업형 사업이라면 건설업, 유통업, 제조업, 부동산개발업, 금융보험업, 자동차판매업, 골재채취업, 폐기물처리업, 자원 재활용사업, 교육기자재납품업, 가구도소매업 등 다양한 업종이 있다.

소규모 자영업이든, 중소기업형이든 자기 자신의 그릇을 알아야 한다. 성격이 너무 소심하고 모험심이 없는 사람은 창업보다는 직장생활이 맞을 수 있다. 성격이 너무 소심한 사람이 창업하여 나름대로 막대한 자금을 투자하였다면 그날부터 밤잠을 자지 못하고 걱정과 고민에 쌓여 병이 날 수도 있다. 분수에 맞는 직업을 선택해야 할 것이다.

자기 분수에 맞고 어느 정도 좋아하는 분야가 있다면 그 분야에 관하여 철저한 연구가 필요하다. 사업성 분석과 투자 규모, 관계 법령의 숙지, 사례연구 등 완벽에 가까운 공부와 연구, 개척해 나갈 방향

등을 설정한 후 시작해야 할 것이다.

 요즘 가난한 사람도 부유한 듯한 부자 흉내를 내고 사는 사람이 많다. 특히 젊은 세대일수록 이러한 현상은 두드러진다. 고급외제차나 비싼 옷, 수입을 초과하는 소비 등은 자기 자신을 모르고 분수에 맞지 않는 사치와 낭비 속에 허망한 생활을 하다가 나락으로 빠져들어 헤어나질 못하는 경우가 허다하다.

 자기 분수에 맞게 자신의 그릇을 알고 생활하고, 미래를 설계하는 것이 중요하다. 남을 부러워하는 마음을 억누르고, 비교하지 말고, 진정한 자신의 위치와 분수에 맞는 생활과 목표설정이 중요하다는 말이다.

2장

만남과
선택

만남과 선택

인생은 사람과의 관계 속에서 이어진다. 큰사람, 나보다 잘난 사람 옆에 있으면
배울 것이 많고 함께 클 수 있는 것이 사람과의 관계이다.

우리의 인생과정은 만남과 선택의 연속이다. 인생은 사람과의 관
계 속에서 이어진다. 어떤 사람을 만나서 어떤 관계를 맺는가에 따
라 삶의 방향이 달라진다. 직장 내에서도 그렇고, 직장 밖에서도 그
렇다.

직장에서의 상사와 동료는 선택권이 없이 주어지는 만남의 관계
이고, 직장 밖에서는 선택할 수 있는 만남이다. 나무는 큰 나무 옆에
있으면 충분한 영양을 섭취할 수 없고 일조량 등에서 더 큰 나무에
가려 성장을 마음껏 못하지만, 사람과의 관계에서는 큰사람, 나보다
잘난 사람 옆에 있으면 배울 것이 많고 함께 클 수 있는 것이 사람과

의 관계이다.

직장에서도 유능한 상사와 동료들이 있으면 함께 성장할 수 있으며, 직장 밖에서는 나보다 잘난 사람이나 유능한 사람을 사귀게 되면 나 자신도 동화되어 갈 수 있는 것이 인간관계이다. 특히 사회생활에서 직장 밖에서의 만남은 내가 선택할 수 있기에 더욱 중요하고 내 인생을 좌우하리만큼 중요하다.

친구와의 만남, 배우자와의 만남, 사교적인 만남 등 모든 만남은 내가 선택한다. 그러나 잘못된 만남을 선택함으로써 많은 문제를 야기할 수 있다.

배우자와의 만남에서 잘못된 선택은 가정의 파탄을 가져올 수 있고, 가정의 파탄은 생활의 근간을 흐트러지게 하는 매우 중요한 영향을 미치게 한다. '유유상종'이라는 말이 있듯이 친구나 사교적인 만남에서도 잘못된 만남의 선택은 자신의 인생을 송두리째 망가트릴 수도 있는 것이다. 이를테면 주위 사람의 권유나 말을 듣고 잘못된 투자를 하여 재산을 탕진하는 경우나 사기를 당하는 일은 비일비재하다. 그러나 이 모든 일은 본인이 선택하는 것이다.

어떤 사람과의 관계를 맺는가, 어떤 선택을 하는가는 죽을 때까지 겪어야 하는 일상이다. 이러한 일상적인 일이 결국 내 인생의 방향을 결정짓는 일이 된다.

만남은 같은 시대에서 대면 관계에서의 만남도 있지만, 책 속에서 옛 성현들의 발자취를 더듬고 정신적으로 성숙해 가기도 한다. 종교를 통해 구도자의 진리를 찾아 떠나기도 한다. 이 또한 어떤 만남을 가질 것인지는 본인의 선택에 있는 것이다.

직장인으로서의 출발

직장 내에서의 권위는 내가 만드는 것이 아니라 실력과 주위에 대한 배려,
인간관계에서의 공감 능력, 신뢰를 받을 수 있는 인품 등으로 자연스럽게 생겨나는 것이다.

학교를 졸업하고 사회에 진출할 때 창업을 하는 경우도 있지만, 대부분 공무원이나 기업에 취업하여 직장생활을 출발점으로 하는 사람이 더 많다. 직업은 개인이나 가정, 사회와 국가에 기여하는 인생의 가장 근본적인 중요한 역할을 한다.

직장을 통해서 자기 계발을 하거나 성취욕을 느낄 수 있고, 목표의식을 갖게 한다. 또한 조직문화에 적응하여 인간관계, 인화, 보람, 갈등을 겪으며 사회적 역할의 한 축을 이루면서 자기 자신을 성장시켜 나갈 수 있다. 의사결정의 시스템을 배울 수 있고, 체계적인 조직관리시스템도 배울 수 있다. 또한 노사관계의 갈등과 조정, 융화의

과정에서 노사 간의 문제와 해결방안에 대하여 체험을 통해서 배울 수도 있다.

과업을 통해 보람있는 생활을 한다는 것은 자부심을 갖게 해주고 존재의 의미와 가치를 느끼게끔 해주기도 한다.

대부분 대기업을 선호하여 중소기업에는 취업하지 않으려고 하다 보니 젊은 청년층들의 실업률이 더 높게 나타날 수도 있다. 대기업은 업무가 분화되어 어느 한 분야의 업무만 보기 때문에 '장님이 코끼리 만지는 격'이 될 수도 있다. 그러나 중소기업은 여러 분야의 업무를 접할 수 있어 창업할 때는 대기업 경험보다는 중소기업의 경험이 더 도움이 될 수도 있다.

직장은 공동체 의식이 강하고, 우리나라는 업무 구분이 부서나 팀 단위로 되는 경우가 대부분이어서 서구의 개인의 일이 분명하게 직무기술서에 명기된 경우와는 다르게 집단주의의 의식과 체계가 강한 경우가 대부분이고, 아직은 장유유서의 가치관이 강하게 자리 잡고 있다.

업무로 만나는 모든 사람을 먼저 인정해 주어야 인간적인 호감과 연대의식을 높일 수 있으며, 항상 타인과의 조화를 이루는 가운데에서 개인의 발전을 기하는 것이다.

직장 내에서의 권위는 내가 만드는 것이 아니라 실력과 주위에 대한 배려, 인간관계에서의 공감 능력, 신뢰를 받을 수 있는 인품 등으로 자연스럽게 생겨나는 것으로 타인이 인정해 주는 것이다. 지위나 나이 등을 이용해 남을 지배하려 한다면 이는 배척되어야 할 권위주의적인 사고와 태도이다. 은행거래에서 신용이 중요하듯 모든 관계에서 신뢰성을 높이는 것은 조직 생활에서 돈으로 살 수 없는 가치를 지니게 된다.

직장생활은 크고 작은 협상의 연속이다. 일상적인 관계에서도 부서 간 협상, 고객과의 협상, 개인 간의 협상 등 모든 업무는 인간관계와 협상으로 이루어진다. 이러한 관계에서 항상 내 편을 들어줄 사람을 많이 만들어 인맥을 넓혀야 한다.

직장생활을 하는 조직인이 갖추어야 할 인성은 희생과 봉사 정신, 팀워크를 조화롭게 이룰 수 있는 능력, 배려심, 포용력, 공감 능력,

도덕성과 청렴성 등을 두루 갖추어야 하고 업무에 대한 전문성을 쌓

아가며 성과를 낼 수 있어야 한다.

인간관계와 인맥

행복한 인간관계는 남을 나에게 맞게 고치려 하지 않고,
조화로움과 신의를 바탕으로 한 사랑으로 이루어지는 관계이다.

사람들은 성공한 사람이나 인기 있는 사람들과 함께 어울리고 싶어한다. 자신의 사회적 이미지를 고양시키기 위해 그런 사람들을 자기와 연결시키려 애를 쓴다.

실패한 사람, 못난 사람, 무능한 사람과는 거리를 두고 싶어 하며, 어떤 관계가 있다면 그 관계를 끊어버리려고 한다. 사회적으로 지탄받는 사람과 연결된다면 자기에게 불이익이 돌아오리라 생각하기 때문이다.

사람은 사람과의 관계 속에서 존중받기를 원한다. 나이가 많고 직

위가 높다고 해서 존중과 존경이 자연히 따라오는 것이 아니다. 다른 사람에게 존중받고 싶다면,

- 상대를 배려할 줄 알아야 한다. 아주 작은 배려도 친밀감을 더해준다. 상대를 배려하면 자연히 해서는 안 될 말을 함부로 하지 않는다. 이를테면 상대에게 상처를 입히는 말, 상대의 콤플렉스를 말하는 경우, 세상에 아픈 곳을 찔러대는 사람을 좋아할 사람은 아무도 없다.
- 인간관계나 거래 관계의 기본은 기브앤테이크(Give and Take)이다. 조직 내에서 얌체 취급을 받는 사람은 남에게 받기만 하고 베풀 줄 모르는 사람이다.
- 고마움을 알아야 한다. 고마움을 아는 사람은 작은 호의를 갚으려 하며 다른 사람을 소중히 여기나, 고마움을 모르는 사람은 부정적이고 배은망덕한 사람으로 느껴진다.

행복한 인간관계는 남을 나에게 맞게 고치려 하지 않고, 조화로움과 신의를 바탕으로 한 사랑으로 이루어지는 관계이다.

사회생활 속에서 만나는 다양한 사람들, 그들과의 만남에서 희로애락을 느끼고, 때로는 자극과 충격을 받으면서 스스로를 성장시키고 삶에 큰 영향을 미칠 수 있다. 내가 가지지 못한 것을 가진 사람이

주위에 많이 있다면 나의 부족함을 채울 수 있는 기회가 많아질 것이다. 내가 원하는 것을 얻고 싶다면 다른 사람의 협조를 끌어낼 수 있어야 하며, 그렇게 하려면 다른 사람이 나를 좋아하게 만들어야 한다. 내가 도운 사람이 나를 돕는다. 기브앤테이크의 원리를 잘 살려야 한다.

사람이 싫으면 그와 관련된 모든 것이 싫어진다. 반대로 어떤 사람을 좋아하면 그 사람이 하는 일은 모두 그럴듯하게 느껴진다. 이처럼 어떤 대상에 대한 감정이 그와 관련된 다른 것에까지 옮겨지는 현상을 감정전이(Emotional Contagion)라고 한다.

대인관계에서 가장 중요한 가치는 믿음이다. 신의와 신용이 있고 신뢰할 수 있어야 한다. 거짓이 없고 믿을 수 있음에 신뢰가 생기는 것이다. 서로 믿지 못하면 단결, 화합, 존경 등의 가치는 모두 깨어지고 관계 자체가 어려워진다.

인간관계와 인맥 만들기의 중요한 점은 믿음을 바탕으로 한 존중과 배려이다. 신용은 돈으로 환산할 수 없는 무한한 가치를 지닌다.

OECD 보고서에 '곤경에 처했을 때 기댈 가족이나 친구가 있는가?'라는 질문에서 한국인은 72.4%가 그렇다고 답하여 조사대상 36개국 중 최하위였다(2019. 7. 25. 〈울산매일〉). 스위스 95.8%, 덴마크 95%, 독일 93.6%, 호주 92%, 터키 86.1%, 멕시코 76.7% 순이었다.

설득의 기술

상대를 이해하려면 역지사지의 마음으로 상대의 입장에서 상황을 바라보고
상대의 인식과 감정을 먼저 파악하는 것이 중요하다.

원하는 것을 얻고 싶다면 다른 사람의 협조를 끌어낼 수 있어야 하며, 그러려면 다른 사람이 나를 좋아하게 만들어야 하는 설득의 기술이 필요하다.

아리스토텔레스는 누군가를 설득할 때 에토스(Ethos), 파토스(Pathos), 로고스(Logos)의 세 가지 요소가 작용한다고 하였다. 에토스는 명성, 신뢰감, 호감 등 사람에 대한 인격적인 측면으로 60%, 파토스는 공감, 경청, 친밀감, 유머, 연민 등 감정적인 측면 30%, 로고스는 논리적 근거, 실증적 자료 등 논리적인 측면이 10%라고 한다.

우리는 생활하는 도중에 남에게 설득당하여 나 자신이 진정 원하지 않는 행동을 하고 있는 경우가 많이 발생한다. 이를테면 보험 가입, 판매원의 권유에 의한 구매, 기부금 요청단체에 의한 기부행위 등이다. 현대사회의 수많은 정보의 홍수 속에서도 사람들은 정보를 분석하여 의사결정을 하기보다는 단편적인 정보에 의존하여 의사결정을 내리는 경우가 더 보편적으로 취하는 방법이다.

그러나 실제 어떠한 목표를 성취하기 위해서는, 즉 친구를 얻는 것이든, 연인을 찾는 것이든, 더 나은 직장을 구하는 것이든 스스로의 감정은 물론 상대의 감정을 예측(EP; Emotional Prediction)할 수 있어야 한다. 그러나 감정은 너무나 복잡해서 보통사람들의 경우 다른 사람은 고사하고 자신의 감정조차 제대로 예측하지 못하는 경우가 많다. 그러나 사람들에게 세심하게 반응을 보이는 습관이 몸에 배면 만나는 사람마다 호감을 보일 것이며 상호교감을 형성하게 된다.

로버트 치알 디어 교수는 "① 상호성의 법칙, ② 일관성의 법칙, ③ 사회적 증거의 법칙, ④ 호감의 법칙, ⑤ 권위의 법칙, ⑥ 희귀성의 법칙에 의해서 설득된다."고 했다.

상대에 대한 설득과 협상의 실패는 의사소통의 실패이고, 그 원인은 인식의 차이에서 온다. 인식의 차이는 사람마다 가치관과 감성이 다르기 때문이다. 사람은 자신이 좋아하는 정보에 대해 선택적으로 수집하고 기억한다. 상대를 이해하려면 역지사지의 마음으로 상대의 입장에서 상황을 바라보고 상대의 인식과 감정을 먼저 파악하는 것이 중요하다.

인질극을 벌이고 있는 인질범을 경찰이 대화를 시도하여 설득하기도 한다. 이때 인질범의 감정 상태가 어떠한지를 최우선으로 진단하여 인간적인 소통으로 설득하여야지 강압적이고 권위적이면 인질범의 설득은 실패할 것이다.

시간과의 만남

나중에 시간이 나면 무엇무엇을 하겠다고 말하는 것은 우선순위를 잘 정하지 못하는 것이다.
시간 관리는 나 자신이 결정할 수 있는 소중한 권한이다.

흐르러가는 시간과의 만남은 누구에게나 공평하게 주어진다. 유능한 사람, 부자인 사람, 권력을 가진 사람이라고 해서 다른 사람보다 더 많은 시간이 주어지는 것이 아니다. 살아가면서 가장 공평하게 주어지는 것이 시간이고 우리가 숨을 쉬는 공기이다.

시간 관리는 자신의 책임이다. 똑같이 주어지는 시간을 어떻게 활용하고 세월이 흘러 어떤 것을 어떻게 축적했느냐에 따라 삶의 방향과 성과가 달리 나타난다. 공정하고 평등하게 주어졌던 것이 결과는 엄청난 차등이 있는 것으로 나타난다. 어쩌면 그것이 공정하고 평등한 것이 되는 것이다.

청소년기에는 빨리 나이를 먹고 싶어한다. 성인들이 하는 모든 것을 빨리해보고 싶어한다. 시간도 매우 길게 느껴진다. 그러다가 학업을 마치고 군 복무를 하고 사회의 생활전선에 뛰어든다. 그리고 취업을 하고, 결혼을 하고, 아이를 낳고, 가장이라는 무게를 느끼며 그냥 허겁지겁 살아간다.

세월이 흘러 자녀가 성장하여 독립할 나이가 되면 막상 본인은 은퇴를 하게 된다. 대부분 55세에서 60세 사이에 은퇴를 한다. 은퇴 후의 삶에 대하여 당황해하고 60세 이후의 삶에 대한 계획도 없다. 100세 시대라면 30년~40년의 엄청난 세월이 눈앞에 놓여있다.

살아온 세월에 계획이 있었고 그 계획에 따라 시간을 활용했다면 은퇴 이후의 삶에 대한 대비도 되어 있겠지만 대부분이 그러하지 못하다. 대부분 생을 포기하듯 무기력하게 살아간다. 목적도 없고 방향도 없다. 은퇴 후의 엄청난 여유시간에 대하여 그 활용법을 미리미리 연구해야 한다.

매일매일의 삶에서 불필요한 것을 배제하고 해야 할 일의 우선순위를 정하여 계획에 맞추어 행동하는 것이 중요하다. 나중에 시간이

나면 무엇무엇을 하겠다고 말하는 것은 시간이 없는 것이 아니라 우선순위를 잘 정하지 못하는 것이다. 시간 관리는 나 자신이 결정할 수 있는 소중한 권한이다.

3장

부자와
가난한 자

인격의 평등과 능력의 차별

인격은 평등하게 존중받아야 하되,
능력에 따른 차이를 두는 것은 인정해야 한다.

인격은 평등하고, 사람은 누구에게나 존귀한 대우를 받아야 한다. 그러나 능력은 평등하지 않다. 그래서 사회적 계층이 존재하고 계층에 따른 사회적 대우가 차이가 나는 것은 분명한 일이다. 능력에 따른 차이를 두는 것은 당연할뿐더러 차별을 두는 것이 평등일 수 있다.

최근 우리나라 기업의 임금구조는 강성노조일수록 근속연수에 따른 평등한 임금구조를 요구하여 사실상 능력이나 직무의 난이도는 무시되고 근속기간만 우대되고 있는 실정이다.

정규직이나 비정규직의 임금 차이로 기업에서는 항상 분쟁이 일어난다. 물론 비정규직의 처우는 개선되어야 하지만 어느 정도의 차이는 감수하는 것이 당연하다고 본다. 정규직은 일정 요건을 갖추고 어려운 입사시험을 거쳐 사내경력을 쌓은 사람들이다. 이를 무시하고 동등한 대우를 요구하면 누가 공부를 하고 애써 힘든 입사시험을 거치겠는가? 능력의 차이를 인정하는 것이 당연함에도 그들은 능력과 직무의 차이를 인정하려 하지 않는다.

공무원 사회도 마찬가지다. 어려운 5급 공무원 시험을 거쳐 들어온 공직자나 9급 공무원 모두 동등한 대우를 한다면 그 조직이 좋은 인재를 영입할 수 있겠는가? 인격은 평등하되 능력에 대한 차별은 엄연히 존재할 수밖에 없는 것이다.

사회의 불평등구조를 외치기 전에 본인의 능력이 어느 곳에 있는지 먼저 살펴보아야 할 것이다. 우리 사회는 언제부터인가 당연한 것을 인정하려 하지 않는다. 당연한 것을 당연하다고 주장하면 강한 공격을 받을 수 있다. 이것이 노조의 힘이다. 노조는 근로자의 권익과 처우개선을 위해 진정한 노력을 해야 하지만 언제부터인가 노조의 파워는 이미 사용자의 파워를 능가할 뿐만 아니라 정치세력화되어가고 있다.

우리나라는 가난했던 60년대와 70년대를 거치면서 '공업 입국'이라는 기치 아래 근로자들의 헌신적인 노력이 있었음을 모두 인식하고 있고, 이때는 사용자의 힘이 강하고 저 임금 시대가 있었던 것이 사실이다. 그러나 80년대를 거치면서 특히 1987년도 이후로는 노조의 힘이 강해지고 기업의 사회적 책임의식이 높아지면서 어느 순간 노조의 힘은 사용자의 힘을 추월하게 된 것이다.

건설노조의 횡포로 월례비를 챙겨주지 않으면 태업을 일삼아 기업은 울며 겨자 먹기로 챙겨주던 것이 관습화되어버렸고, 노조의 하부 조직들은 기업을 방문하여 공갈·협박을 하고 인사청탁, 거래 청탁을 서슴지 않는다.

어느 때부터인가 노조 지도부는 밤이면 유흥업소에서 유흥을 즐기고 근로자의 머리 위에 군림하면서 강성 투쟁에만 몰두하여 개인적 이름을 내고 종국에는 정치판으로 뛰어드는 개인의 영달 과정으로 삼는 것이 거의 공식화되어있다. 노동 귀족이 탄생한 것이다. 근로자의 권익과 처우개선에 진정한 노력이 객관적으로 인정받을 수 있어

나를 다듬는 것들

야 할 것이다.

노조의 힘이 강해지고부터 우리나라의 임금구조는 연공서열형으로 근속연수에 비례하여 모든 종업원이 비슷한 대우를 받고 있어 능력에 대한 차별은 인정하려 들지 않는다. 인격은 평등하게 존중받아야 하되, 능력의 차별은 인정해야 할 것이다.

산다는 것은?

현재의 보잘것없는 일을 내가 성장하는 단계라고 생각하고 매사 최선을 다하는 것이 중요하다.
무슨 일이든 안 하고 후회하는 것보다는 해보고 반성하는 것이 낫다.

사람이 살아가는 것은 심오한 철학이나 과학에 의존하여 살아가는 것이 아니다. 보편적인 인식의 범주에서 그냥 흘러가는 것이다. 사람은 이상을 추구하며 가치를 추구하느라 애쓰고 노력하면서 그냥 살아가는 것이다.

법정 스님은 "나 자신의 인간 가치를 결정하는 것은 내가 얼마나 사회적 지위나 명예, 얼마나 많은 재산을 갖고 있는가가 아니라 나 자신의 영혼과 얼마나 일치되어 있는가이다."라고 말했다.

그러나 요즘 시대는 삶에 대한 관념이 달라져 간다. 특별하게 여유롭고 폼나게 살고 싶어 한다. 밑바닥부터 갖은 고생을 다 하며 처절

한 노력 끝에 출세를 하거나 몇 년간 고시 공부를 하여 젊음을 다 바쳐 시험에 합격, 공무원이 되어 출세를 하는 것은 이젠 큰 부러움의 대상이 아닌 세상이다.

요즈음의 부러움의 대상은 유명연예인이 되어 벼락부자가 되는 것, 유명 유튜버가 되어 큰 수익을 창출하는 것, 인터넷 쇼핑몰에서 갑자기 돈을 많이 버는 것, 유명게이머가 되어 대박을 터뜨리는 것 등이 선망의 대상이다.

그러나 이러한 일의 성공확률이 과연 몇 %인가? 우리가 아름다운 그림을 볼 때 아름다움을 느낄 수는 있지만 만들어 내는 것은 정말 어려운 일이다. 이와 마찬가지로 쉽게 성공한 것처럼 보이지만 그렇게 만들어 내는 것은 정말 어려운 것이다.

내가 정말 원하는 것이 무엇인지, 내가 진정 가야 할 길이 어디인지 자신에 대한 끊임없는 질문을 하며 그 답을 구해야 한다. 매사 남과 비교하고 다른 사람에게 지나치게 관심을 두는 것은 자신을 잃어버리는 결과를 가져올 수 있다. 사람이 살아가는 것은 일상 속에 그 의미가 있는 것이다. 일상의 소중함을 모르고 살다가 그것을 잃어버

렸을 때 소중함을 느끼는 것이 우리의 삶이다.

지금 현재는 나의 주위에 있는 사람보다 나 자신이 못하다고 인정될지라도 열심히 살다 보면 남 이상으로 될 수 있다는 희망으로 콤플렉스를 날려 보내는 것이 필요하다. 자신이 놓여있는 현실을 먼저 솔직히 받아들여서 다음에 있을 위기를 기회로 전환하는 사고가 중요하며, 현재의 보잘것없는 일을 내가 성장하는 단계라고 생각하고 매사 최선을 다하는 것이 중요하다. 무슨 일이든 안 하고 후회하는 것보다는 해보고 반성하는 것이 낫다.

산다는 것은 가치를 추구하고 목표를 향해 오늘보다 더 나은 내일을 위해 걸어가는 길, 그러면서 주위 사람과 소통하면서 순간순간 선택의 연속선에서 나 자신을 찾는 것이다.

부자와 가난한 자

부자는 부지런하고 남모르는 고생과 근면함이 몸에 배어 있다.
가난한 사람은 좋지 않은 습관을 부자의 습관으로 먼저 바꿔야 한다.

모두가 부자가 되려고 노력한다. 그러나 부자와 행복은 비례하지 않다. 오로지 부자가 되기 위해 물질에 집착한 삶을 살 것인지, 행복을 추구하며 마음의 여유를 가지고 사람처럼 살 것인지는 스스로의 삶의 방식이다.

존경받는 부자는 겸손하다. 부자가 되기까지의 과정이 타인에게 비난받지 않는다. 올챙이 적을 잊어버리지 않는 사람으로 현실에 감사할 줄 아는 사람이다. 돈을 낭비하는 것이 아니고 꼭 써야 할 자리에는 아낌없이 쓸 줄 아는 사람이다.

2022년 9월 21일자 〈조선일보〉의 기사를 보면 순 자산 500만 달러(약 697억 원) 이상 자산가가 우리나라는 세계에서 11번째로 많다. 투자은행 크레디 스위스가 공개한 '글로벌뷰 보고서 2022'에는 우리나라의 순 자산 500만 달러 이상 자산가는 26만 4,200명이다. 미국, 중국, 독일, 캐나다, 인도, 일본, 프랑스, 호주, 영국, 이탈리아, 한국 순이다.

우리나라의 100만 달러(약 14억 원) 이상 자산가는 129만 명이며 성인 1인당 자산은 23만 7,644달러(약 3억 3,100만 원)이다. 얼마 전 우리나라 모 일간지에서 설문 조사를 한 내용에는 얼마를 가지면 부자라고 생각하는가의 답은 순 자산 100억 이상이고 연간소득 3억 이상이면 부자로 생각한다는 내용이 있었다.

대부분 부자는 무척 부지런하다. 남들이 보기에는 쉽게 부자가 된 것처럼 보이지만 그들의 생활은 치열하다. 때에 따라서는 전투하는 용사들처럼 살아간다. 남모르는 고생과 근면함이 몸에 배어 있다. 간혹 비정상적으로 법을 어기면서 돈을 번 졸부들이 있어서 가진 자들을 욕먹게 하는 부류도 있다.

가난한 사람들은 습관이 좋지 않은 사람들이 많다. 쉽게 돈을 벌려고 하고, 남에게 돈을 빌리는 것을 아무렇지 않게 생각하고, 주위 사람들에게 손을 내밀어 스스로의 신용을 떨어뜨린다. 대부분 근면하지 못한 사람이 많고, 나쁜 습관, 즉 술을 좋아하며 절제하지 못하는 사람, 도박을 좋아하는 사람, 약속을 지키지 못하는 사람, 시간관념이 없는 사람, 낭비벽이 심한 사람 등 반드시 좋지 않은 습관을 한 가지 이상 가지고 있다.

부자가 되기 위해서는 가난의 습관을 부자의 습관으로 먼저 바꿔야 한다. 허황된 꿈에 빠져 허상만 좇아가다가는 가난의 악순환을 끊어낼 수 없다.

제각각의 다른 가치관

사람다운 사람으로 살기 위해서는 제대로 된 사리판단을 할 수 있는 가치관을 지녀야 한다.
제대로 된 가치관은 객관적으로 인정할 수 있는 진실된 행동과 사고를 가진 자립이다.

사람들은 자기가 생각하고 보는 세상이 전부라고 생각하는 경우가 많다. 이런 현상이 두드러진 사람은 소아적 사고의 범주에 머물러 있다는 사실이다. 자신이 모르고 경험해보지 못한 세상이 너무나 많은 것을 나이가 들수록 체득해 나가는 것이다. 수많은 사람이 지구상에 존재하지만, 제각각의 다른 얼굴과 목소리, 걸음걸이, 성격을 가지고 있듯이 그 사람이 가진 가치관 역시 제각각이다.

요즘 개성시대라고 하여 잘못된 가치관마저 덮어버리고 자리매김하여 병든 가치관을 치유하려 들지 않는다. 출세와 벼락부자, 감투를 꿈꾸고 쉽게 살려고들 한다. 이런 풍조는 어쩌면 정치권에서 나타나는 포퓰리즘적인 정책과 그 맥을 같이 하는지도 모른다.

사람다운 사람으로 살기 위해서는 제대로 된 사리판단을 할 수 있는 가치관을 지녀야 한다. 삶은 가치의 의미를 추구하고 보람을 찾아가는 것이다. 제대로 된 가치관은 객관적으로 인정할 수 있는 진실된 행동과 사고를 가진 자립이다. 자신의 경험과 아는 범위에서만 남을 이해하려 한다면 이 또한 잘못된 인식이며, 자신이 아는 범위에서만 세상을 판단하려 한다면 왜곡된 결과가 나타날 수 있다.

가치관의 차이로 타인의 감정과 생각을 알아차리지 못하면 인지능력에 큰 차이를 보일 수 있다. 이는 곧 공감불능으로 이어진다. 특히 기성세대와 신세대와는 가치관의 차이로 큰 갈등을 빚을 수 있고, 이는 가정, 조직, 사회에서 커다란 문제요인으로 작용한다. 실패할 수도 있지만, 성공을 목표로 도전해 보는 것이 훌륭한 삶이라는 이야기는 오늘의 청년들에게 남의 이야기로 들릴 수 있다.

변화와 위기 속에 미래에 대한 불안감을 안고 흔들리는 가치관 속에 살아가는 것이 현재 자신의 삶이고 기업의 환경이기 때문이다. 그렇다고 가만히 주저앉을 수는 없다.

아무리 시대가 변한다고 하여도 움직일 수 없는 뿌리가 있다. 진실된 양심에 의한 성실한 행동과 노력, 분수에 맞는 삶의 태도와 자기 자신에게 당당한 삶의 가치는 언제나 그 자리에 자리 잡고 있는 것이다.

주도적인 삶은?

내가 좋아하는 일과 원하는 일을 하면서 살아가는 것은 주도적인 삶의 주인공이 되는 것이다. 이는 자존감과 성취감을 극대화할 수 있는 길이며 매사 주인의식으로 행하니 결과도 좋아진다.

우리의 일상은 오래전부터 주도성을 잃어버리고 수동적인 사람으로 생활하고 있는 것이 대부분이다. 미디어도 대량의 정보를 쏟아내고 있어 우리의 생각을 잠식하고 있다. 삶이 행복하기 위해서는 의사결정, 인간관계, 가정, 학교, 사회에서 인간의 자율성과 주도적인 선택의 기회가 보장되고 확대되어야 한다.

2019년 3월 유엔 산하 지속가능발전해법네트워크(SDSN)가 발표한 세계 행복보고서에는 우리나라가 세계 156개국 중 행복 순위 54위, 경제 순위 12위로 되어있고, 2020년에는 153개국 중 행복 순위 61위, 경제 순위는 10위이다.

불확실한 세상에서 다른 사람에게 끌려다니는 삶을 살지 말고 내가 원하는 방법과 사람으로 살아가는 것이야말로 행복한 삶이 되는 것이다. 이는 이기적인 생활이 아니라 내가 노력하여 내가 세운 목표에 대하여 내가 원하는 방법을 찾아 실행한다는 것이다. 백화점에서 물건을 하나를 사더라도 마찬가지다. 매장 직원은 하나라도 더 팔기 위해 좋은 말만 골라서 한다. 그렇게 옷을 구매하여 집에 가서 보면 별로 나에게 어울리지 않아 옷장에 걸어두고 입지도 않은 옷 몇 개가 있는 것은 누구나 경험하였을 것이다.

다른 사람의 기대에 부응하려고 하다가 보면 나 자신이 실종된다. 내가 정말 원하는 것이 무엇인지, 내가 정말 좋아하는 일이 어떤 것인지를 스스로에게 끊임없이 물어가면서 자신의 길을 찾아야 한다. 이 길은 가장 쉬울 것 같지만 정말 어려운 일이다. 사람은 다른 사람의 성향은 잘 보면서 막상 자기 자신을 보는 눈이 의외로 무척이나 어둡다.

내가 좋아하는 일과 원하는 일을 하면서 살아가는 것은 주도적인 삶의 주인공이 되는 것이다. 이는 자존감과 성취감을 극대화할 수 있는 길이며 매사 주인의식으로 행하니 결과도 좋아지고 그에 따른 보상이 주어지는 것이다.

그러나 직장을 구할 때 내가 좋아하는 분야에 맞춤형으로 취업을 한다는 것은 거의 불가능할 것이다. 직장에서는 주어진 업무 속에서 내가 좋아하는 분야에 성과를 올리면서 적응하여 가는 것이다.

자영업 역시 내가 좋아하는 분야를 창업할 수는 있어도 경제적 가치가 따라오지 않으면 성공으로 이어질 수 없다.

뚜렷한 목표가 있어야…

이루고 싶은 목표가 있다면 현재 어떤 분야에서 일하더라도
목표를 향한 지식을 습득하고 시간이 지남에 따라 목표달성을 위한 능력이 점진적으로 축적된다.

뚜렷한 목표가 있어야 그 목표를 달성하기 위해 노력하고 자신을 변화시킨다. 현재의 자신을 변화시키기 위해서는 목표를 향한 지식을 축적하고 그 일에 몰입해야 한다.

먼저 내가 좋아하는 일이 무엇인지 파악해야 한다. 그러나 그 일을 찾는 길은 무척이나 어렵다. 좋아하는 일을 하면서 경제적인 가치가 있어야 생활이 윤택해지겠지만 이 두 가지를 충족시킬 수 있는 일을 찾는 것은 매우 어려운 일이다.

직업을 구할 때도 이 두 가지를 충족시켜 직장을 구한다는 것은 결

코 쉬운 일이 아니다. 따라서 직장에 들어가서 주어진 과업 안에서 본인이 좋아할 업무를 스스로가 만들어나가야 한다.

기업이 사원을 공개 모집할 때 취업하기 위해 응모를 하는 것이지 미래에 어떤 업무를 주는지는 막연한 예측일 뿐이다. 이를테면 영업부서에 배치되어 고객을 상대로 영업을 하겠다고 생각한 것이 총무부서에 배치되어 내부관리 및 총무업무를 해야 한다면 선호한 업무부서가 아니지만, 내부의 대인관계와 기획 등의 업무를 하면서 향후 영업부서에 배치되었을 때의 자질을 키워나갈 수 있고 자신도 모르게 인간관계와 조직 내에서의 대처능력이 축적될 수 있는 것이다.

자영업도 마찬가지다. 내가 좋아하는 것은 경제적인 가치를 올릴 수 없는 분야일 수도 있다. 어떤 업종이든 경제적인 가치를 높일 수 있어야 사업이 유지되고 성장시켜 나갈 수 있다. 내가 좋아하는 일은 아니지만, 경제적인 문제로 제3의 선택이 되었을 때는 어떤 업종이든 내가 좋아하는 영역이 있을 수 있다. 이를테면 관리의 기법이나 영업전략, 대고객서비스 등 분야별로는 반드시 내가 좋아하고 해보고 싶었던 영역이 존재할 것이다. 이런 분야에 연구하고 몰입하다 보면 그 자체가 좋아질 수 있고 보람을 찾을 수 있다.

미래에 이루고 싶은 목표가 있다면 현재 어떤 분야에서 일하더라도 목표를 향한 지식을 습득하고 시간이 지남에 따라 목표달성을 위한 능력이 점진적으로 축적된다.

내가 이런 일을 어떻게 해?

우리나라에서는 "내가 이런 일을 어떻게 해?" 하는 사고가 팽배해 있는 것 같다.
절대 있어서는 안 될 일이다. 건전하게 피땀 흘려 노력하는 사람을 응원하고 격려해 주어야 한다.

지금 우리나라는 저출산으로 인한 인구절벽 상태에 와있다. 젊은 이들은 폼나게 살고 싶은 욕망으로 놀면 놀았지 하며 힘든 일을 기피하는 현상이 나타나고 부모에 기대는 '캥거루족'이 늘어나고 있다.

2022년 하반기에 국내 제조업 부족 인력은 13만 1,984명으로 집계된 고용노동부와 제조업 협회 통계가 있다. 이런 추세로 가면 2030년에는 협력업체 3만 명에 대한 인력 확보가 어려울 것으로 예상하고, 가전산업 역시 2만 5천 명의 인력 부족 상태가 올 것으로 내다봤다. 자동차산업도 2030년대에는 2만 5천 명의 일손을 구하지 못할 것으로 예측된다. 조선업은 이미 인력 부족 현상이 심각한 상황이다.

이러한 현상임에도 불구하고 상당한 실업자가 있다는 것은 이해가 되지 않을 수 있다. 모든 게 힘든 일에 대한 기피 현상 때문이다. 피와 땀을 흘리지 않고 폼나게 살고 싶어 신기루를 바라보며 좇아가는 현상이 지금의 세태이다.

젊은이들뿐만 아니라 노·장년층도 이러한 현상은 마찬가지다. 실직 후 재취업, 은퇴 후 재취업에도 고급스러운 일만 찾다가 세월만 보내는 사람들이 부지기수다. 그러다가 브로커가 되어 어느 순간 일확천금만을 노리는 사람들이 허다하다.

꿈의 대륙처럼 느껴지던 미국에 이민 간 사람들의 생활역사를 들어보면 접시닦이 등 우리나라에 있을 때는 도저히 하지 못했던 일을 하면서 생활기반을 닦은 사람들이 대부분이다. 아마도 모르는 세상에서 주위의 시선을 의식하지 않고 노력했기 때문일 것이다.

그러나 우리나라에서는 주위의 시선을 너무 의식하여 "내가 이런 일을 어떻게 해?" 하는 사고가 팽배해 있는 것 같다. 절대 있어서는

안 될 일이다. 건전하게 피땀 흘려 노력하는 사람을 응원하고 격려해 주어야 한다. "그 사람 대단하다!"라고.

　자신의 그릇과 능력, 처한 현실을 생각하지 않고 힘든 일을 무조건 배척하고 부모에 기대는 젊은이들, 나라에 기대는 노년층들은 깊이 한번 생각해 볼 문제이다.

4장

보이지
않는
자산

살아온 과정이 자산이 된다

신뢰가 담보되면 주위에서 도와주는 사람이 생긴다. 그 사람이면 확실하다는 인식이 주위 사람들에게 각인되면 어려운 환경에 처할 때 뜻하지 않은 지원군이 나타나 곤경을 타파할 기회가 온다.

사람의 습관은 성격이 되고, 이는 그 사람의 미래와 운명을 지배한다. 타인과 원만한 협동 관계를 이루지 못하는 사람이나 대인관계를 합리적으로 처리할 능력이 없는 사람은 사업을 할 수 없다. 사업을 시작하여도 어느 순간 실패할 확률이 높다. 항상 타인과 조화를 이루는 가운데 발전이 있는 것이다.

업무로 만나는 모든 사람을 먼저 인정해주어야 한다. 그래서 인간적인 호감을 얻게 되는 것이다. 호감형인 사람은 그 사람의 원래의 능력과 더불어 즐기는 감각이 있다. 사람을 지루하지 않게 하는 능력과 프로의식을 가지고 즐거운 마음을 가지는 감성이 중요하다. 어떠한 업무를 하더라도 인맥을 넓히는 일은 대단히 중요하다. 도와줄 사람을 많이 만들수록 유리한 것이다.

여기에 그 사람의 신뢰 지수가 높다면 돈으로 환산할 수 없는 무형의 가치를 지닌다. 신뢰가 담보되면 주위에서 도와주는 사람이 생긴다. 그 사람이면 확실하다는 인식이 주위 사람들에게 각인되면 어려운 환경에 처할 때 뜻하지 않은 지원군이 나타나 곤경을 타파할 기회가 온다.

사람의 인성은 희생정신, 포용력, 협조성, 인간성, 도덕성, 청렴성, 팀워크 능력 등이 조합으로 이루어진다. 신뢰 자본을 높이려면 이러한 인성이 바탕이 되어야 하고 전문적인 능력이 증명되어야 한다. 전문적인 능력은 과업의 성과, 기획력, 리더십이 어우러져 세월 속에 축적되어 나타난다.

심는 대로 거둔다는 말이 있다. 내가 아무렇게나 살고 주위의 신용을 잃어버린 상태에서 사업을 시작했을 때 누가 나를 도와줄 것이며 누가 나를 신뢰해줄 것인가? 사업은 아이템도 중요하지만, 사람과의 관계 속에서 이루어진다. 인생은 결코 쉽지 않다. 어쩌면 전투와 같

은 치열한 생존 경쟁에서 살아남아야 한다. 사각의 링에서 경기하는 운동선수와 같다. 이기지 않으면 지는 것이다. 사업도 성공 아니면 실패이다.

사람과의 관계에서 신뢰 지수가 높으면 자기 자신도 모르게 큰 도움을 받을 수 있고 시간이 지나 과거를 돌아보면 능력도 중요하지만, 주위의 도움이 컸다는 사실을 알게 될 것이다. 그래서 사람은 살아온 과정이 중요하고 그것이 곧 큰 자산이 된다는 것을 깨닫게 된다.

꼭 성공을 위해서만 사는 것은 아니다

성공의 척도는 너무 큰 것도 아니고 멀리 있는 것도 아닌 것 같다.
성공을 하려고 노력하는 것도 결국은 행복한 삶을 누리기 위해서이다.

성공의 척도는 주관적이다. 스스로의 목표에 도달했다면 성공이라고 볼 수 있지만, 타인의 평가에 의해 성공했다는 소리를 들어도 주관적인 가치로 볼 때는 그렇지 못할 수 있다.

성공의 주관적인 가치는 자기가 이루고 싶었던 것, 가지고 싶었던 것, 하고 싶었던 것이 모두 이루어졌다면 성공이라 할 수 있겠지만 가지고 싶었던 것(경제적인 가치)은 다 가졌으나 하고 싶었던 것, 되고 싶었던 것을 이루지 못했다면 타인의 평가에서는 성공했다고 한들 주관적인 평가는 성공하지 못했다고 할 것이다.

사막의 신기루 같은 성공을 잡기 위해서 필사적으로 달려간다 해도 오아시스 한번 만나지 못한다면 지쳐 쓰러지고 말 것이다. 사람은 성공을 위해 사는 것이 아니고 행복하기 위해서 사는 것이다. 행복은 삶의 과정에서 잘 풀릴 때도 있고 안 풀리기도 한다. 이를 엘리어트 파동(Elliott Wave)이라고 한다. 이러한 상승과 하락을 반복한다. 상승기라고 반드시 좋아만 할 것이 아니며 하락기라고 너무 낙심할 필요 없이 노력 여하에 따라 달라질 수 있다.

은퇴한 사람들을 살펴보면 평생 건강하게, 부자는 아니더라도 원만한 가정을 유지하고 적당한 대인관계를 하는 사람이 성공한 사람으로 보인다. 과거에 권력, 명예, 돈을 많이 지녔던 사람일지라도 건강하지 못하고 가정이 원만하지 못한 사람, 범죄(뇌물, 사기, 직권남용 등)와 연루되어 말년에 비참해지는 사람은 성공한 삶이 아닐 것이다. 성공의 척도는 너무 큰 것도 아니고 멀리 있는 것도 아닌 것 같다.

성공을 하려고 노력하는 것도 결국은 행복한 삶을 누리기 위해서이다. 성공의 잣대를 권력과 부의 축적에만 두고 살아간다면 행복한 삶과는 괴리가 있을 수 있다. 성공의 주관적인 목표를 너무 높게 잡아서 도저히 할 수 없는 것, 가질 수 없는 것, 이룰 수 없는 곳에 둔다면 삶 자체가 불행해질 수 있기에, 목표를 설정하여도 현실적이어야 한다.

작은 목표라도 하나하나 이루어가면서 행복하게 살아간다면 그것이 성공인 것이다. 그래서 우리의 삶은 꼭 크게 성공하기 위해서만 살아가는 것은 아니다.

건강하게 살면서 소박한 꿈을 이루고, 노년까지 원만한 가정을 유지해 나간다면 그것이 성공한 삶이 아닐까?

'옷차림새'는 그 사람의 태도까지 바꾼다

사람의 표정은 온화하고 기품있는 표정이 훌륭한 인상을 남기듯 옷차림도 은은한 멋을 풍기면서
튀지 않고 세련된 모습이 그 사람의 얼굴과 조화를 이룰 때가 최상의 모습이 된다.

입사면접에서 지원자의 외모와 옷차림이 당락에 영향을 준다. 기업 인사담당자의 설문 조사에서 66.7%의 답변이 그렇다고 한다. 정장을 했을 때와 예비군복을 입었을 때의 자세, 어휘, 말투는 모두가 달라진다. 때와 장소에 맞게 어울리는 복장을 해야 한다. 날마다 같은 스타일의 옷만 입고 다니면서 주변 사람들에게 매력적으로 보이기는 힘들다.

조선 시대는 옷의 차별화로 신분을 구분하였다. 정승, 판서와 당상관, 당하관 및 아전, 백성으로 구분하여 옷차림을 달리했다. 영국에서는 산업혁명을 계기로 노동자를 블루칼라, 사무직을 화이트칼라로

구분하였다.

옷차림새는 나를 바라보는 사람의 평가뿐 아니라 자신의 태도까지 바꾼다. 얼굴이 인품의 표현이듯 옷차림도 표정만큼 중요하다. 사람의 표정은 온화하고 기품있는 표정이 훌륭한 인상을 남기듯 옷차림도 은은한 멋을 풍기면서 튀지 않고 세련된 모습이 그 사람의 얼굴과 조화를 이룰 때가 최상의 모습이 된다.

지성미는 단아한 몸가짐과 세련된 교양, 우아한 표정, 자기 분수를 아는 지혜가 어우러져서 나타나는 것이다. 지식이 있다고 지성미가 있는 것이 아니며, 지혜와 슬기가 있어야 지성미를 풍길 수 있다. 지성미는 느낄 수는 있지만 만들어 내고 지니는 것은 어렵다.

옷차림을 잘한다는 것은 사치와는 엄연히 다른 의미다. 검소하게 입어도 조화롭고, 단정하면 훌륭한 옷차림이 된다. 사치스러운 고가의 옷을 입어도 조화롭지 못하면 어색하고 보기 흉한 모습이 될 수 있는 것이다.

최근 개성을 강조하면서 눈살을 찌푸리게 하는 신세대의 옷차림을

자주 볼 수 있다. 이런 현상을 개성이라고 할 수 있을까?

　옷은 그 시대의 문화를 상징한다. 우리의 풍습에는 옷에도 영혼이 있다고 본다. 구미에서는 단순히 물질 이상의 의미를 두지 않기 때문에 남이 입던 옷을 잘 입고 중고품의 매매가 성행한다. 그러나 우리 민족은 입던 옷에 그 사람의 영혼이 깃들어 있다고 보아 남의 옷을 입는 것을 꺼렸다. 이러한 관습은 현대사회로 오면서 점차 사라지고 있지만, 아직도 그 흔적을 종종 찾아볼 수 있다.

사람을 끄는 힘 '매력'

다른 사람들이 자신과의 관계를 자랑할 수 있는 사람이 되도록 해야 한다.
조금이라도 그런 면이 없다면 심각하게 자신을 돌아봐야 한다.

매력은 사람을 끄는 힘이다. 아름다움은 조화와 균형에서 생기고, 지성미는 세련되고 우아한 교양과 몸가짐 및 행동으로 슬기로운 자기관리를 하는 데서 나온다.

아름다움은 사람이 지니는 보람과 가치의 세계에서 가장 으뜸이 되는 것이다. 높은 인품에서 나오는 아름다움은 향기가 있다. 향기 있는 사람이 있는가 하면 왠지 무엇인가 악취 비슷한 것을 풍기는 사람이 있다.

유머 감각이 뛰어난 사람들은 자석처럼 사람을 끌어당기는 힘이 있어 인기가 있으며 잘못을 저질렀을 때도 용서받기가 쉽다. 사람들은 유능하고 매력적인 사람과 같이 있으면 자신의 주가도 덩달아 올라간다고 생각하고 그런 사람을 좋아하고 함께 어울리고 싶어 한다. 그러면서 자신감이 더 생기고 자기 존중감이 높아진다. 다른 사람들이 자신과의 관계를 자랑할 수 있는 사람이 되도록 해야 한다. 조금이라도 그런 면이 없다면 심각하게 자신을 돌아봐야 한다.

사람들은 너무 완벽한 사람을 좋아하지 않는다. 약간의 허점이 있는 사람이 더 매력적으로 보인다. 너무 완벽한 사람은 인간미가 없어 보이고 항상 다른 사람들보다 우월감을 가지고 있는 것 같아 상대에게 열등감을 주기도 한다.

멋있고 매력적인 사람이 허점을 보이면 더 멋있어 보이고 허점은 더 친근감을 느끼도록 해준다. 또한 자신의 결점을 그 사람에게 드러내도 괜찮을 것 같은 생각이 들도록 하여 경계심을 풀어주기도 한다.

매력 있는 사람은 감정관리를 잘한다. 허영심, 이기심, 명예욕, 권력욕, 시기심 등에서 벗어나, 정신적으로 자유롭다. 이는 말하기는 쉬워도 엄청난 자기 수양이 따라야 한다. 그야말로 사람답게 사는 사람이다.

모든 것이 오염되어 있는 사회환경에서 이런 매력을 가진 사람은
신선한 멋을 풍긴다.

진정한 삶의 의미 '행복'

행복은 관계 속에서 찾을 수 있다. 배우자, 자녀, 친구 등과의 관계에서 행복을 찾을 수 있다.
진실된 마음을 주고받는 사랑 속에 행복이 있는 것이다.

유발 하라리는 "인간이 새로운 힘을 얻는 데는 극단적으로 유능하지만 이같은 힘을 더 큰 행복으로 전환하는 데는 매우 미숙하다. 우리가 전보다 훨씬 더 큰 힘을 지녔는데도 더 행복해지지 않는 이유가 여기에 있다."라고 했다.

행복은 사람이 살아가는 과정에서 찾아지고 만들어가는 것이다. 살아가면서 받는 고통을 너무 크게 받아들여서 자신을 꼼짝 못 하게 만들어 번뇌와 갈등 속에서 헤어나오지 못하면 그보다 더 큰 불행이 어디 있겠는가?

고통과 불행은 받아들이는 마음의 자세가 중요하다. 최선의 노력과 인내로 극복하고 시간이 흐르면 상황은 달라지고 그 아픔은 추억이 된다.

실패와 고통은 자신이 못나고 능력이 없어서 겪는 아픔이 아니고, 방법과 어떻게 준비하는 것인지를 몰라서 겪는 일이 더 많다는 것을 알아야 한다.

행복하기 위한 수단이 목적으로 바뀌어 사람을 불행하게 만드는 경우가 너무 많다. 돈을 버는 것도 행복하기 위함인데 돈에 너무 집착하게 되면 돈의 노예가 되어 불행해진다. 결혼은 행복하게 살기 위해서 하는데 서로 조화를 못 이루고 심한 갈등을 일으키고 갈라서기도 하여 불행을 자초하는 경우가 비일비재하다. 직장, 이웃, 친구와의 관계도 마찬가지다.

UN에서 해마다 발표하는 행복지수를 보면 우리나라는 2020년에 153개국 중 61위이다. 우리나라의 경제는 세계 10위권을 다투면서 행복지수는 매우 낮은 편이다.

행복지수의 산출근거가 되는 7가지 지표는 1인당 총생산액 (GDP), 사회적 지원, 기대수명, 사회적 자원, 관용, 부정부패, 미래에 대한 불안감을 그 지표로 하고 있다.

행복은 관계 속에서 찾을 수 있다. 배우자, 자녀, 친구 등과의 관계에서 행복을 찾을 수 있다. 진실된 마음을 주고받는 사랑 속에 행복이 있는 것이다.

성공이라는 것도 행복하기 위한 수단이고, 보람있게 사는 것이 행복을 가져다준다.

사랑(愛)과 정(情)

인간에 대한 사랑은 여러 종류로 나누어 지지만
공통적인 것은 서로 따뜻한 말과 웃음과 애정을 주고받는 데 있다.

살아가는 것은 함께 사랑을 나누는 것이다. 사랑하는 사람이 옆에 있으면 고독하지 않고 힘들 때 용기를 가져다준다.

생활에 애정이 충만하면 활력이 있고 따뜻한 기운이 돈다. 애정이 메말라 있으면 생활이 무미건조하다. 아무리 돈이 많고 명성이 있다고 해도 가까운 사람들과 애정이 고갈되어 있으면 행복하지 못하다.

가까운 사람들과 사랑하고, 정을 나누고, 대화하며 같이 밥 먹고, 산책하고, 여행하며 생활하는 것 그 자체가 가장 소중한 행복이요, 살아가는 의미임을 알아야 한다.

부모 · 형제와의 사랑, 이성과의 사랑, 부부의 사랑, 스승과 제자
와의 사랑, 친구와의 사랑, 이웃에 대한 사랑 등 인간에 대한 사랑은
여러 종류로 나누어 지지만 공통적인 것은 서로 따뜻한 말과 웃음과
애정을 주고받는 데 있다.

"사랑은 오래 참고 인자하며, 사랑은 질투하거나 자랑하지 아니하
며, 교만하거나 무례하지 아니하고, 사랑은 제 생각만 하지 아니하
며, 성내지 아니하며, 원한을 품지 아니하며, 의 아닌 것을 기뻐하지
아니하며, 바른 것을 기뻐하며, 사랑은 범사에 믿으며, 범사에 바르
며, 범사에 견디나니라." 고린도전서 13장 사도바울의 사랑의 복음
이다.

시인 남정림의 시 '잔소리'를 옮겨본다.

너를 나로 물들이고 싶은

헛기침 같은 말을 많이도 쏟아놓는다

사랑 때문인지

집착 때문인지

잔소리 대신에

잔잔한 침묵을 택할 것을

의미와 가치

삶은 부단한 가치창조의 과정이며
이러한 노력에 삶의 의미가 있다.

인간을 움직이는 진정한 힘은 '의미'라고 댄 애리얼리(《마음이 움직이는 순간들》의 저자)는 말한다.

무엇에 의미를 부여할 것인가는 사람마다 다르다. 그러나 의미의 본질은 생존 이상의 가치에 대한 의미를 부여하고 성취감을 느낄 수 있도록 애쓴다. 가치에 대한 분명한 목적이 이끌어가는 삶일 때 성취감과 행복을 느낄 수 있다.

남미는 대부분 사람이 향락주의적인 인생관을 가지고 있어 삶의 의미와 가치를 주색잡기에 있다고 보고, 먹고 마시고 놀고 춤추기를 즐기는 그들의 타락적이고 퇴폐적인 인생관이 그들의 사회를 가난하고 뒤떨어지게 했다.

사람은 이상을 추구하는 존재이다. 높은 이상을 세우고 그 이상을 실현하려고 분투해서 노력하는 데 생의 의미와 가치를 두는 것이다. 삶은 부단한 가치창조의 과정이며 이러한 노력에 삶의 의미가 있다. 가치란 자신이 원하고 바라는 것, 즉 바람직한 소망, 소중한 것, 건강, 부, 자유, 행복 등이다. 사람마다 가치의 기준은 제각각 다르고 부여하는 의미도 다르다. 그래서 사람은 자신이 바라는 것을 중심으로 사고하는 경향이 있다.

무엇에 의미를 부여할 것인가는 사람마다 모두 다르지만, 그 의미를 느끼는 것은 어떤 목적에 대한 가치가 있는 일로 사람들은 스스로 그 가치를 위해 애쓰는 것이다.

우리는 흔히 이름값을 해야 한다고 말한다. 교육자, 국회의원, 의사, 판·검사 등 그 직위가 가지는 이름이 의미하는 값을 해야 하는 것은 너무나 당연하다. 그 이름이 의미하는 가치에 부끄럽지 않은 행동과 품위, 자격을 가져야 하는 것이다.

물건도 마찬가지다. 사랑하는 사람으로부터 받은 결혼 선물은 가격과 무관하게 결혼 선물이라는 의미 때문에 소중한 가치를 지니게 된다.

5장

돈 버는 것

돈 버는 특별한 비법은 없다

알뜰하게 살고 수입이 많든 적든 지출을 줄여
조금씩이라도 목돈을 만들어 가는 것이 비법이라면 비법이다.

돈을 잘 버는 특별한 비법은 없다. 알뜰하게 살고 수입이 많든 적든 지출을 줄여 조금씩이라도 목돈을 만들어 가는 것이 비법이라면 비법이다. 돈을 불려 나가는 방법도 예금, 적금, 펀드투자, 부동산투자 등의 방법이 있지만 막연한 생각보다는 그 분야의 정보를 수집하고 공부를 해야 한다. 이를테면,

첫째, 예금, 적금, 비과세저축, 주택청약저축, 개인연금저축, 펀드 등 간접투자는 은행별로 유사하지만 여러 형태의 상품이 있으므로 유리한 상품을 골라 주거래 은행을 정하여 지속해서 거래하면 대출이 필요할 시 도움이 될 수 있다. 여러 예금 중 주택청약 저축과 개인

연금 저축은 반드시 가입하는 것이 좋다. 주택청약 저축은 주택청약 시 반드시 필요하고 개인연금저축은 노후 생활자금과 관련이 된다.

둘째, 주식투자이다. 주식투자는 단기차익을 노리는 투자는 실패 확률이 높다. 일시적으로 단기차익에 성공하는 경우가 있지만, 너무 매몰되면 일순간 빈손이 될 확률이 매우 높다. 샐러리맨들이 주식투자를 하고 싶으면 우량기업의 주식을 조금씩 적금 넣듯이 매입하여 장기적으로 가는 것이 손해를 보지 않는 안정적인 방법이 될 수 있다. 매년 배당받고 유무상 증자 시 주식취득 등 단기간의 시세차익이 아닌 장기적이고 안정적인 전략이 도움이 될 수 있다.

2023년 6월 23일자 〈매일경제신문〉에는 주가조작을 한 리딩방, 유튜브 운영자 6명이 무더기로 재판에 넘겨진 기사가 있다. 이들은 특정 종목을 미리 매수한 사실을 숨기고 리딩방 회원이나 주식방송 시청자들을 이용하여 반복적으로 추천 종목으로 하여 주가를 띄우고, 주가가 올랐을 때 자신들은 미리 매수한 주식을 팔고 빠지는 수법으로 주가조작을 하였고, 이러한 사건이 수천 건이나 된다고 한다.

셋째, 부동산투자는 여러 가지 재테크 방법 중 어쩌면 가장 중요한 방법이고 안정적인 전략일 수 있다. 그 예를 들면,

1) 주택청약 저축을 활용한 아파트 청약이다. 무주택자인 경우도 있지만, 주택이 있어도 새로운 집으로 바꿀 때도 유용한 방법이다.

2) 부동산경매와 공매 제도를 활용한 부동산 투자가 있다. 부동산경매는 법원을 통해서 시행하는 제도이다. 시세보다 싼 가격으로 살 수 있으나 권리관계가 복잡하게 얽혀있는 경우가 있으므로 권리관계를 잘 알아보고 투자해야 한다. 성업공사 공매는 소유권이전이 쉽고 권리관계도 성업공사가 해결해주는 이점이 있다.

3) 임대주택사업도 재테크의 일환으로 검토해 볼 수 있다.

4) 임야, 대지 등 땅에 투자하며 장기간을 두고 시세차익을 노릴 수 있는 방법들이 있다.

넷째, 창업을 하는 방법이 있다. 창업은 직접 사업을 영위하여 성공을 해야 하므로 엄청난 공부와 노력이 필요하다. 창업을 하여 1년

이내에 폐업하는 업체가 부지기수이고 5년을 넘기는 경우가 50%가 채 되질 않는다. 각고의 노력과 전략이 필요하며 빠른 시일에 성공을 거둔다는 것은 거의 불가능하므로 투지와 인내가 요구된다.

창업과 기업의 가치

부유한 사람들이 경험이 많고 사업 아이템을 잘 찾을 수 있다.
경험과 지식이 부족하면 책이나 신문을 통한 간접경험으로 시야를 넓혀야 한다.

요즈음 세대는 젊음을 바쳐서 노력하고 고통과 악조건을 극복하며 인고의 세월을 거쳐서 공직사회에서 고위직이 되거나 기업에서 상위직이 되는 것은 크게 부러워하지 않는다. 어느 날 갑자기 명성을 얻는 사람이 되거나 주식이나 가상화폐 등에 투자했다가 성공하여 대박을 터뜨려 성공하는 것을 기대한다.

이들은 또 인생을 폼나게 살고 싶어 하고 남다른 특별함을 누리고 싶어 한다. 이러한 풍조 속에서 폼나는 일자리만 찾으니 항상 일자리가 없다고 한다. 본인의 능력과 소양을 볼 줄 모르는 장님이면서 갑자기 스타가 되는 유튜버나 연예인, 또는 주식에서 성공한 사람만 보

면서 손쉽게 성공하는 것을 기대하며 망상 속에서 허우적거린다.

1인 미디어 창작자는 2021년 국세청 자료에 의하면 신고인원 34,219명이다. 1인 미디어 창작자는 유튜버, 인터넷 방송진행자(BJ) 등 인터넷과 모바일 기반 미디어 환경에서 영상콘텐츠를 만들고 이를 공유해 수익을 창출하는 이들이다.

최근 통계를 보면, 전체 수입 8,589억 원, 1인 평균연봉 2,500만 원이고, 수입 하위 50%(17,110명)의 연평균 수입은 40만 원이다. 상위 1% 342명의 1인 평균 7억 1,300만 원으로 상위 1%의 총수입은 2,439억 원, 전체의 28%를 차지한다. 결국 상위권 외에는 미미한 수입으로 생활을 영위하기 어려운 것이다.

유튜브에선 구독자 1,000명과 지난 1년간 콘텐츠 시청 4,000시간을 충족해야 창작자가 광고수익을 나눠 받을 수 있고 이마저도 45%를 수수료로 떼간다.

현실적으로 창업을 하여 성공하기 위해선 본인에게 맞는 아이템을 선정해야 한다. 경험이 많은 사람이 사업 아이템을 잘 찾는다. 독창적인 아이템도 있겠지만 해외에서 보고 모방하는 아이템이 많다.

해외여행 경험이 많은 사람, 고학력자 등은 아이템 탐색이나 시장 조사에서 그 능력이 우위에 설 수 있다. 그렇기 때문에 가난한 사람보다 부유한 사람들이 경험이 많고 사업 아이템을 잘 찾을 수 있다. 경험과 지식이 부족하면 책이나 신문을 통한 간접경험으로 시야를 넓혀야 한다. 때에 따라서는 경영자의 능력과 관계없이 성공하는 경우가 있다. 우연히 기획하여 창업한 것이 시장흐름과 맞아서 성공으로 이어지는 경우다. 이러한 성공은 일시적이어서 자신의 능력으로 착각하면 성공으로 지속시키기 어렵다.

기업이 사회적 가치를 만들어 낸다는 것은 경제적인 가치와 더불어 사회적으로 긍정적인 영향과 결과를 만들어 내는 것을 말한다.

기업에 대한 정부 정책

**경영이라는 것은 사람이 사람을 위해 행하는 사람의 활동이므로
결국 기업의 경영은 경제적인 가치와 사회적인 가치를 동시에 추구하는 것이다.**

과거 정부의 기업 관련 정책은 최저 임금의 급격한 인상, 비정규직의 정규직화, 주 52시간 근무제 등은 많은 부작용을 가져왔다. 기업의 경쟁력 약화와 동시에 실업증가, 자영업자의 실직 등 많은 사회문제를 초래하였다.

- 기업은 인건비증가와 생산성 둔화

- 비정규직 문제는 조직의 유연성 감소 및 구조조정의 어려움

- 인력이 기업에 한 번 들어오면 성과가 없어도 정년까지 보낼 수 있는 제도와 정책

- 온갖 새로운 규제를 만들어 기업이 핵심역량에 집중하지 못하게 하는 제도

그러면서도 정부는 결국 세수는 기업에 의존하지 않으면 안 된다. 정부의 능력만으로 못하는 일은 기업에 손 내밀어 기업의 도움을 받는 아이러니한 실정이다.

기업 현실을 외면한 정책은 투자 의욕을 감소시키고 기업이 해외로 이탈하게 하는 부작용을 낳게 되어 2019년에는 중소기업의 해외 직접투자는 전년보다 63%가 증가하였다. 근로자의 대부분이 중소기업에 근무한다는 현실을 볼 때 정부는 일자리 창출을 외쳤지만, 그 정책은 결국 일자리 박탈로 이어졌다 해도 과언이 아닐 것이다.

기업의 법인세율은 OECD 평균보다 4% 높은 편이다. 기업의 고객은 소비자이고, 정부의 고객은 국민과 기업이다. 고객의 목소리를 외면하는 기업은 생존이 어렵다. 정부도 마찬가지다. 그럼에도 기업을 경영하는 사람은 마치 준범죄자인 양 취급하고, 그러면서 필요하면 기업에 손 내미는 이율배반적인 행태를 정부에서 행한다는 것은 참으로 부끄러운 가치관을 국민에게 보여주는 것이다.

물론 소수의 악덕 기업주가 있어 때로는 매스컴을 통해 사회적 물의가 되어 이로 인해 선량한 기업가까지 매도되는 경우도 있다. 그렇

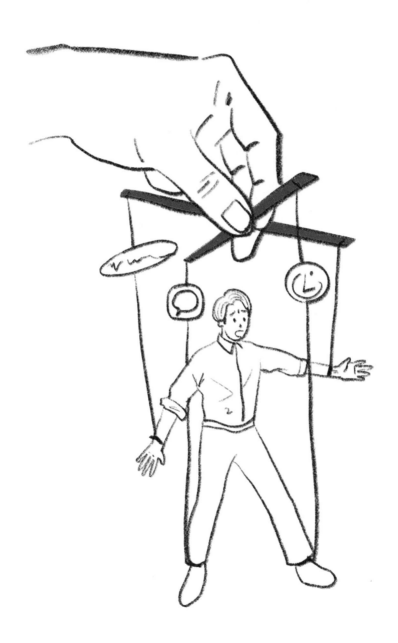

지만 대부분 기업가는 근로자의 임금을 해결하기 위해 뼈를 깎는 노력과 목숨을 건 모험을 하기도 한다.

기업을 유지 성장시키는 것이 외부에서 보는 것처럼 평탄하게 이루어지는 것은 아니다. 특히 중소기업은 취약한 재무구조에서 그 수명을 이어가는 것이 살얼음판을 딛고 강을 건너는 것처럼 아슬아슬한 순간이 수없이 많다.

정권을 장악한 전직 변호사, 정책을 담당하는 교수 또는 관료 출신의 참모들이 어떤 이념에만 매몰되어 탁상정책적인 이론을 현실에 쏟아낸다면 그 피해는 결국 기업과 국민에게 돌아간다.

다른 사람의 호주머니에 있는 돈을 내 호주머니로 옮기는 것이 강도, 사기행각을 하지 않고 합법적으로 한다는 것이 얼마나 어려운 것인지 생각해 보아야 한다. 그러면서도 옮겨진 돈을 혼자서 쓰지 못하고 근로자에게 배분하고, 시설투자를 해야 하고, 복지 후생에 써야 하고, 각종 경비를 충당해야 하고, 세금도 내야 한다.

기업이 신나게 뛸 수 있는 정부 정책으로 토양이 마련되어야 할 것이다.

2021년 다보스 포럼에서 클라우스 슈밥 회장은 "기업의 힘은 단순히 돈을 벌 수 있는 능력이 아니라 사회에 공헌할 수 있는 능력이라는 것을 깨달아야 한다."고 하였다.

인간 중심적인 기업은 기업의 목표를 단지 재무성과 중심에서 구성원에 대한 존중과 사회적 가치로서 확장을 추구하는 경영철학이자 새로운 성장방정식으로 인정받는 경영방식이다.

사회적 가치를 만들어 낸다는 것은 경제적 가치와 더불어 사회적으로 긍정적인 영향과 결과를 만들어 내는 것을 말한다. 경영이라는 것은 사람이 사람을 위해 행하는 사람의 활동이므로 결국 기업의 경영은 경제적인 가치와 사회적인 가치를 동시에 추구하는 것이다.

6장

브로커들의
세계

브로커란?

사회생활을 할 때, 특히 사업을 하면 수많은 각종 브로커를 접할 수 있는데 자칫 잘못하여 브로커의 말만 믿고 행동으로 옮기다 보면 큰 낭패를 당하는 경우가 있다.

브로커의 사전적 의미는 '다른 사람의 의뢰를 받아 그를 대신하여 상행위를 하고 쌍방으로부터 수수료를 받는 사람'을 말하며 '사기성이 있는 거간꾼'을 뜻하기도 한다.

우리나라의 상법상 중개인과는 다른 의미가 있는데 상법상 '중개인은 타인과의 상행위 중개를 하는 자'를 말한다(상법 제93조). 상행위의 중개라고 하더라도 실제상 매매 중개가 중심이 되어있다. 중개인은 단지 타인과의 상행위를 중개하는 데 그치고 스스로 그 행위의 당사자가 되는 것은 아니며 당사자의 대리인도 아니다.

중개인과 거래의 중개를 의뢰한 자와의 사이에 체결한 위탁계약을 '중개 계약'이라 한다. 계약서 교부 후에는 중개료라고 하는 보수를 당사자 쌍방에게 균분하여 청구할 수 있는 보수 청구권을 갖는다.

이러한 상법에서 규정한 중개인이 아닌 브로커의 유형을 보면 좋지 않은 인식으로 많이 쓰이고 있다. 이를테면,

- **외환 브로커** : '외국환은행과 고객과의 거래에 게재하여 외국환 거래의 중개를 전업으로 하는 자'를 말한다.
- **브랜드 브로커** : 브랜드로서 가치가 있는 것 중에서 '등록하지 않은 것을 찾아 무작위로 출원 등록해 선(先)사용자들에게 경고장을 발송하거나 브랜드 사용 금지를 요구하면서 사용료나 합의금을 받아내는 사람들'을 일컫는다. '상표 브로커'라고도 말한다. 상표권은 먼저 출원한 사람에게 우선권을 주는 '선(先)출원주의'를 택하고 있기 때문이다.
- **주식 브로커** : '증권시장에서 다른 사람의 의뢰를 받아 그를 대신하여 상행위를

하고 수수료를 챙기는 사람'을 말한다.

- **입시 브로커** : '부정 입학을 도와주고 수수료를 챙기는 사람'을 말한다.

- **토지 브로커** : '해당 토지에 대한 사업성 검토는 물론 가설계안까지 만들어 전

  문가 흉내를 내는 사람'을 말한다.

- **마약 브로커**

- **성형외과 브로커**

- **정치 · 선거 브로커**

- **스포츠 브로커** : 승부 조작 등으로 거액의 수수료를 챙기는 행위

- **위장 결혼 브로커** : 국내 입국을 위한 위장 결혼 알선 행위

- **탈북 브로커**

- **탈세 브로커**

- **여권 브로커** 등 '사회 전반에 걸쳐 비리 행위를 하며 수수료를 챙기는 사람들'

  이 있다.

부동산과 개발 프로젝트(Project)를 이용한 브로커들은 대부분 부
동산개발을 설계 또는 설계한 것을 이용해 투자를 유도한다.

필자는 사업 아이템을, 어렵고 힘들지만 나 자신이 직접 시행하는
개발 프로젝트로 방향을 잡았다. 리스크(Lisk)가 크지만 성공하면 수

익성도 큰지라 위험을 감수하고 각종 개발 프로젝트를 계획하고 실천에 옮겼다. 그 과정에서 유난히도 수많은 브로커를 접할 수 있었기에 그 사례를 들어본다.

[사례 1]
해박한 지식을 가진 K씨와의 만남

    사업을 시작하던 초기 1994년경 알고 지내던 K씨가 경주시의 농공단지 개발을 같이하자는 제안이 들어왔다. 이분은 사회상식과 법률 지식, 우리나라 역사에 대하여 해박한 지식을 갖추고 있었고 대화 도중 내심 감탄을 할 정도의 화술과 역사에 대하여 뛰어난 기억력을 갖추고 있어 믿음이 갔다.

    경주의 프로젝트는 농공단지 개발이 아니고 장애인이 시행하는 장애인 공장조성 프로젝트였다. 자금력이 없는 이분은 운영자금을 요청하여 조금씩 자금투입을 하였고, 사업주와 계약 후에는 사업주가 자금대여를 요청, 이를 수락하여 자금을 대여해주었다.

사업주는 자신이 장애인이었고 사람을 못 믿는 독특한 성격의 소유자였다. 사업계획은 훌륭하였으나 사업을 추진할 능력이 없었다. 업무위임을 해주면 행정절차와 금융권에 대한 업무를 대행할 수 있었으나 타인에게 업무위임을 해주지 못하는 의심병 때문에 사업진척이 되지 않아 1년 후 대여자금을 회수하고 철수하였다.

이 과정에서 부산의 모 건설업자가 수차에 걸쳐 이 계약을 넘겨달라고 찾아왔었다. 확실한 업체인지 확인차 부산 소재 회사 사무실을 방문하였는데 도심에서 번듯한 사무실 2개 층을 사용하면서 직원 여러 명이 설계도면을 펴놓고 열심히 일하고 있었다. 나중에 알고 보니 이곳저곳의 개발 프로젝트를 위임받아 투자자를 모아서 어느 날 자취를 감춘 전형적인 기업형 전문 사기단이었다. 다행히 더 이상의 업무 진전이 없었기에 사건에 휘말리지는 않았으나 정말 황당한 일이었다. 이 사람이 묵고 있던 호텔에 가봤는데 호텔에도 약 2천만 원을 갚지 않고 사라진 사람이었다. 최고급 승용차와 운전기사를 대동하여 다니면서 능력 있는 사업가 흉내를 낸 사람이었다.

이 당시 K씨와 같이 추진하였던 중국 심양성 아파트건설 1,000세대 계약도 하였었다. 심양성의 고위 당국자들이 울산을 방문하여 우방건설에서 준공한 아파트를 견학하기도 하였다. 그러나 당시에는 중국을 너무 모르고 경제 개방 초기였던지라 더 이상의 업무 진척이 잘되지 않아 결국 계약으로 끝나고만 안타까운 프로젝트였고 경비만 지출된 꼴이 되고 말았다.

이후 K씨는 일식당을 한다고 돈을 빌려 가서는 식당은 얼마 하지 못하고 폐업을 하고 행방이 묘연해졌다. 다양한 지식을 가지고 있음에도 계속되는 사업실패로 재기를 하지 못하였고 결국 필자에게 피해만 입힌 고급 브로커였고 아까운 분이었다. 풍문에 들려오는 소식은 출가하여 스님이 되었다고 한다.

[사례 2]
다단계 사업가와의 만남

어느 날 다단계회사의 임원이 개발 프로젝트에 투자하겠다면서 다단계 유통사업을 하는 기업체 대표를 소개하여 인사를 나누었다. 이 회사 대표가 어느 날 필자에게 요청이 왔다. 서울 본사에 와서 회사의 업무진단을 해달라는 부탁이었다. 1996년경이었다.

이분은 대구에서 대형 약국을 오래 경영하여 상당한 재력을 갖추고 있었는데 약국을 그만두고 다단계 유통사업에 막대한 자금을 쏟아부었고 연간 매출액이 상당하였다.

몇 번의 간곡한 요청에 못 이겨 직감적으로 느끼는 것이 있어 회사 대표에게 몇 가지 질문을 해보았다. 연간 매출액이 70억~100억 원 정도 되는데 재고관리는 어떻게 하고 있는지 전국 지사의 조직관리와 본사의 자금관리는 어떻게 하고 있는지 질문해보니 황당하리만큼 체계가 갖추어져 있지 않았다.

필자는 회사의 재고관리부터 조직관리, 자금관리를 체계적으로 하면 좋겠다는 말을 남기고 내려왔다. 3개월 정도 경과 후 다시 연락이 왔다. 회사 대표는 모르는 상태에서 재고는 바닥 상태에 가 있고 장부와 맞는 것이 없다는 것이었다. 서울에 와서 상주하면서 회사업무를 정상화해줄 수 없겠느냐는 부탁이었다. 이미 회사는 위기 상태에 가 있었고 회사 간부들은 물건을 빼돌리고 서류를 조작하여 대표에게 보고해 왔던 것이었다.

회사 간부들이 유통사업의 악질 브로커들이었다. 감언이설에 속아 회사 대표는 이들에게 곳간 열쇠를 맡긴 꼴이었다. 필자는 회사 대표의 부탁을 거절하였는데 1년 후 결국 회사는 부도가 나고 회사 대표는 자살을 한, 비극이 일어난 안타까운 일이었다.

기업을 경영한다는 것은 여러 방면의 종합적인 지식을 요구한다.

조직관리와 인사노무관리, 회계관리 등에 있어 각고의 노력이 필요하다. 특히 창업을 하면 자금 사정이 열악한 관계로 회사 내에 전문 고급인력을 두지 못한다. 이를 해결하기 위한 방안은 본인의 노력과 아울러 주변 전문가의 조언을 귀담아듣고 취사 선택하여 경영에 접목할 수 있는 기법이 필요하다.

[사례 3]
전직 기업체 총무과장

　울산의 모 백화점 총무과장으로 근무했던 A씨가 찾아왔다. 1997
년경이었는데 당시 필자는 온산에서 석산 개발을 하고 있었고 기장
대변항 방파제 축조공사에 사석과 피복석을 공급하고 있었다. 울산
신항만 남방파제 건설에 S 건설이 시공에 참여하며 S 건설과 석재납
품 계약을 하였다고 계약서를 가지고 찾아온 것이다.

　백화점 총무과장까지 지냈으니 믿을 만하다고 생각하여 경비를 요
구하길래 수차에 걸쳐 약간의 경비를 지원하였다. 그러나 막상 약속
한 기일에 계속적으로 약속을 어겨 이상한 생각이 들어서 S 건설에
사실 여부를 조회해보니 위조된 가짜 계약서였다.

그 당시 이런 사람들이 하루에도 여러 명이 방문하여 각종 제안을 해 왔는데 10명 중 9명은 엉터리 브로커였고 사기성을 띠고 있었다.

사람이 실직을 하고 생활이 궁핍하여 막다른 골목에 들어서면 이렇게 망가지는가 싶은 생각이 들고 방문하는 사람들에 대한 회의가 들었다. 어떤 날은 오전 10시경부터 퇴근할 때까지 10여 명의 브로커가 찾아오곤 했다. 개발 프로젝트는 브로커들이 득실대는 정글 같았다.

실직을 하더라도 피땀 흘려 노력해서 살아갈 생각을 하지 않고 남을 속여가면서 쉽게 돈을 챙기려고 위조된 계약서를 들고 다니는 행태를 보면서 살아가는 방식에 대하여 많은 생각을 하게 만든 사건이었다.

[사례 4]
사업가로 포장한 G씨의 행각

1998년경 국가산업단지 내 공유수면매립(바다매립)사업시행자 지정을 받았는데 사업목적은 산업기계 제작 및 액체화물 탱크터미널 설립 사업계획을 세웠다. 1차 매립 약 3만여 평 시행 후 계속하여 약 17만 평의 공유수면을 매립할 수 있는 프로젝트였다.

그러나 1998년 외환위기로 인해 자금에 차질이 생겨 난감한 처지에 있을 때 지인을 통해 투자의향을 밝힌 G라는 사람을 소개받았다. 선박부품 제조사업을 한다고 하며 사업자등록증, 회사등기부 등본, 재무제표 등을 확인 후 면담을 하고 검토에 필요한 설계도면을 건네주었다.

수개월 경과 후 어느 날 모르는 사람으로부터 한 통의 전화가 걸려왔다. 반드시 만나야 한다고 하여 약속장소에 가니 건장한 체격을 가진 사람 5명이 나를 에워싸고 G씨에게 바다매립에 사용할 자금을 투자하였으니 그 돈이 사업시행자인 필자에게 건네지지 않았겠느냐면서 돈을 돌려 달라고 하는 것이었다. 어이없는 일이었고 G씨는 계약관계에 있는 사람도 아니고 단지 사업검토를 위한 설계서를 잠시 내어주었던 과정을 설명하고 이미 착공이 되어 진행 중인 사항에 대한 관계 서류를 모두 공개하였더니 그제야 G씨에게 사기를 당했다고 행방이 묘연한 G씨를 찾아서 떠났다.

나중에 확인해본 결과 G씨의 회사 관련 서류는 모두 허위로 만든 가짜 서류였다. 설계도면을 가지고 제삼자에게 투자유치를 하는 양 돈을 받고 잠적한 사건이었다. 나중에 들려온 소식에 의하면 결국 사기로 구속되어 형을 살고 있었다.

위조된 서류와 사기행각은 오래가지 않고 발각되는 것이 자명한 일이고, 형벌을 받는 것이 분명한데도, 타인을 기만하는 일을 천연덕스럽게 자행하는 태도가 이해가 안 되는 일이지만, 우리 주위에는 비일비재하게 일어나고 있음을 항상 명심하고 살아야 할 것이다.

[사례 5]

대학 후배의 사기행각

1995년 어느 날 대학 후배인 J씨가 포항의 석산 개발권을 계약했다고 허가증을 가지고 찾아와서 투자를 요청하였다. 포항은 석재가 부족하여 신항만 건설 및 레미콘 제조업체에 골재를 납품하면 사업성이 있다고 하여 시장조사를 해보니 사업성이 있어 보여 일정액을 대여해주었다. 당시 김영삼 정부는 국책 사업으로 전국에 5대 신항만 개발계획을 발표하여 항만건설에 엄청난 석재(사석 및 피복석) 수요가 있을 것으로 예측되던 때였다.

일정액을 대여해주면 모든 시공권과 이익을 배분받을 수 있다고 하며 후배 J씨는 현장 책임자로 공사를 총괄하기로 하고 허가서와 수 허가자와의 약정서를 필자에게 제출하여 믿었는데, 기공식을 차일피일 미루는 게 이상하여 관계행정기관에 확인하니 위조된 가짜 허가서였다. 그때야 산주를 만나보니 허가절차를 진행하고 있었고 J씨로부터 일정 금액을 지원받은 사실이 있었으나 필자에게서 가져간 돈 일부에 지나지 않았다. 산주와 J씨가 공모하여 사기행위를 하였으니 필자가 법적 조치를 하겠다고 하였다. 그러나 산주의 간곡한 부탁으로 사업을 정상화하기로 하고 필자가 직접투자하여 허가 진행 과정에서 우여곡절 끝에 경상북도에 행정심판을 청구하여 결국 허가를 득하였다.

행방이 묘연한 후배 J씨에 대한 법적 조치를 하기 위해 경주에 있는 J씨 자택을 방문하고자 부인과 연락이 되어 약속장소에 갔더니 후배 부인이 아이 둘을 데리고 나와서 눈물로 호소하였다. J씨가 다른 사건으로 경찰서 유치장에 구금되어 있다는 것이다. 부인과 아이들을 보니 마음이 편치 않아 변호사 비용으로 쓰라고 3백만 원을 건네주고 쓸쓸한 마음으로 돌아온 기억이 난다.

이렇게 하여 우여곡절 끝에 허가를 낸 포항 석산은 초기에 직접 개입하여 매일같이 포항을 오르내리며 업무를 보다가 산주에게 위임하

고 배당을 받기로 하였으나, 산주의 사업경영 미숙으로 손해를 보고

사업은 종료된 상태이다.

[사례 6]

유명 정치인 보좌관과의 만남

1998년경 당시 필자는 울산과 포항의 석산 개발, 온산국가산업단지 내 공유수면매립, 경주의 관광 단지개발 등의 개발 프로젝트를 추진하고 있을 때였다. 지인의 소개로 국내 유명 정치인의 보좌관 B씨를 만나게 되었다.

필자의 사업에 도움을 주겠다고 하며 다른 보좌관도 소개해주고 여의도 국회의원회관에도 수차례 방문하여 유명 정치인과도 만나서 도움에 대한 약속도 받았다. 그러나 보좌관들의 계속되는 금전 요구에 한두 차례 응해주었으나 금전 요구가 계속되었다.

어느 날은 B씨가 필자의 사무실을 방문하여 집문서(등기부 등본)를 들고 와서 돈을 차용해 달라고 하였다. 오죽 답답하면 집문서까지 들고 와서 그렇겠냐는 딱한 마음이 들어 돈을 빌려주었다. 이 사건으로 B씨와의 만남은 끝이 나버렸다. 갑자기 연락을 끊고 행방이 묘연해진 것이다.

이후 어느 날 그 유명 정치인으로부터 전화가 왔다. 국내 유명 대기업 전무와 식사 자리를 마련하였으니 서울 모처로 오라는 것이었다. 필자는 사업에서 정치인의 개입은 아니라는 생각이 들어 정중히 거절하였다. 그랬더니 집으로 전화를 하여 아내에게 자기가 이렇게 힘을 쓰고 있는데 왜 거절하는지 모르겠다며 필자를 설득하라는 것이었다.

필자가 이 사건으로 체득한 것은, '사업에는 정치인의 도움을 받아서는 안 된다.'는 것이었다. 이들의 끝없는 금전 요구는 그야말로 사회에서 지탄받는 비리의 올가미에 들어갈 것 같아 인연을 끊은 후 지금까지 모든 사업에 정치인과의 인연은 만들지 않고 있다.

[사례 7]

폭력조직 대부와의 만남

포항에 신항만 건설에 소요될 석재를 공급하기 위해 포항 석산 개발에 투자하여 우여곡절 끝에 행정심판까지 가서 허가를 득하고 초기 작업을 진행하던 1998년경이었다.

어느 날 산주로부터 연락이 와서 국내 폭력조직의 대부격인 K씨가 석산을 넘겨달라고 요구하며 업무를 교묘하게 방해하고 있다는 것이었다. 이 사람은 포항 출신으로 두 번의 거대사건으로 국내에 이름을 떨쳤던 사람이고, 과거 정치깡패로 조직원을 동원하였던 전력이 있고, 유명 정치인을 잘 알고 있다고 했다. 그리고 그당시 서울에서 나이트클럽도 운영하고 있다고 했다.

필자는 이 말을 듣고 K씨에게 연락을 취하여 만나자고 제안을 하였다. 포항 모 호텔 카페에서 만나게 되어 필자는 혼자서 나갔는데 K씨는 포항의 체격이 건장한 건달 4명을 대동하고 나타났다. 내심 약간의 위축되는 마음도 있었지만 단둘이 대화를 나누고 싶으니 대동한 사람들은 자리를 피해 주면 좋겠다고 하니 의외로 순순히 응해주었다.

필자는 "K 회장님은 어떤 형태로든 사회의 원로에 속하고 이름이 있는 분인데 젊은 사람이 사업하겠다고 열심히 뛰고 있는데 도와주면 안 되겠냐?"고 당당하게 말을 하였다. 그랬더니 K씨가 한참 동안 필자를 보고 있더니 "허허!" 웃으면서 "어떻게 겁도 없이 그렇게 당당하냐?"면서 그 자리에서 "앞으로 그 현장은 일체 손을 떼겠다."고 하면서 앞으로 사업을 잘 진행해 보라는 것이었다. 그리고 약간의 담소와 커피 한 잔을 나누고 헤어졌다. 그는 보디가드격으로 데리고 온 사람들에 대해 계면쩍다는 듯한 뉘앙스를 풍기고 돌아갔다. 필자는 내심 조직의 보스다운 기질은 있는 분이라는 느낌이 들었다.

[사례 8]

VIP 비자금을 조달해주겠다는 A씨

1996년경 경주에 한국의 디즈니랜드 같은 관광단지를 조성하기 위해 부지 물색을 하던 때였다. 이때 안강전투 전적기념관과 휴게소 사업을 진행하던 정 모 씨를 알게 되었는데 그 프로젝트를 완성해달라는 부탁을 받고 사업에 대한 위임을 받았다. 그러나 그 프로젝트는 초기 투자자들과 법적 분쟁이 있어 쉽게 해결되지 않았다. 그래서 그 사업권과 부지를 매각하여 분쟁을 해결한 후 그 배후에 관광단지 조성을 하는 데 합의하고 매수자를 찾는 데까지 추진하였으나, 초기 투자자들과 합의가 어려워 결국 무산되었다. 그러나 그 부근의 부지를 매수하여 관광단지를 조성하면 사업성이 있을 것으로 보여 지주들과의 접촉 및 사업계획수립. 조감도 및 가설계를 하여 추진 도중 정치인 출신 A씨를 알게 되었다.

A씨는 과거 유명 정치인의 보좌관을 하다가 정치엔 손을 떼고 건설업을 하여 어느 정도 성공을 거둔 사람이었다. A씨는 필자에게 투자를 하겠다며 조건 없이 참여하고 자금조달을 하겠다고 하면서 큰 자금을 일으키는 루트가 있으니 같이 해보자고 하였다. 그로부터 여러 차례 서울을 오르내리면서 정보기관에 있는 공무원, 다른 정치인들과 만남 등 많은 사람을 만났다. 이런 과정에서 A씨는 모든 경비를 부담하면서 필자에게 금전적 부담을 주지 않았다.

그러던 어느 날 모 정보기관에 있다는 A씨의 지인이 VIP 비자금을 사업에 투입할 수 있게 해주겠다는 제안이 왔다. 엄청난 자금이었다. 그 자금만 들어오면 한국의 디즈니랜드도 못 할 것이 없겠다는 생각이 들었다. 그러던 중 국회에서 모 국회의원이 전직 대통령의 비자금을 폭로하면서 온 세상이 들끓기 시작하였고 각 언론에서 대서특필하였다.

이와 관련이 있었는지는 알 수 없는 일이지만 자금조달이 어렵게 되었다는 연락을 받았다. 이후 A씨와의 만남도 멀어졌는데 A씨는 필자의 개발 프로젝트에 지대한 관심을 보였고 금전적으로 피해를 주지 않은 분이었다. 지금도 가끔 생각나는 사람으로 필자의 머릿속에 각인되어있다.

경주 관광 단지개발 프로젝트는 이러한 과정과 외환위기를 거치면서 사업추진이 어렵게 되어 더 이상의 진척이 되질 않고 중단되었다.

[사례 9]

외자 유치 브로커

2000년 7월에 울산 북구 강동권(정자동, 산하동, 신명동) 도시개발 사업을 진행하기 위해 정자동에 사무실을 개소하고 2001년에 추진 위원회를 구성하였다. 2001년 12월 15일에는 강동권 도시개발 사업조합 창립총회를 개최하고 본격적인 사업추진을 시작하였다.

환지 방식의 사업을 하기 위하여 지주동의를 60% 이상 받았으며 대상 부지를 2,047,849m²로 하여 사업계획을 수립하였다. 강동권 개발은 과거 시장선거 때마다 시장 후보자들의 공약이기도 했고 울산시에서 수립한 '강동권 종합개발 사업화 계획'도 있었지만 실현되지 않고 있었다.

필자는 사업계획 수립 후 주전과 정자, 산하, 신명, 감포를 잇는 동해안 관광벨트를 구성하는 개발안을 다시 만들어 울산시의 해당 부서 고위 간부들이 배석한 가운데 브리핑까지 하여 긍정적인 호응을 받기도 하였다.

이 사업은 막대한 자금이 투입되어야 하는 관계로 자금조달을 연구하던 중 약 1,500억 원의 외자 유치를 해주겠다는 싱가포르의 전문컨설팅 회사 H씨를 만나게 되었고 H씨의 중개로 영국 자본의 외자 유치 의향서를 받게 되었다. 컨설팅 비용으로 수천만 원이 들어가는 작업이었다. H씨는 울산까지 와서 시장과 면담까지 하였지만, 시(市)에서는 그렇게 믿음을 주지 않는 것 같았다. 그 무렵 외자 유치 문제로 시에서 추진하던 프로젝트에서 문제가 생겨 무산된 사건이 있었던 직후여서 그런 것 같았으나 별로 개의치 않고 사업을 계속 진행하였다.

이렇게 사업을 진행하던 중 시(市)는 공영개발로 추진하겠다는 계획이 언론에 기사화되었고 지주들은 이를 반대하였다. 조합에서는 비상대책위원회를 구성하여 반대를 위한 관계기관 방문과 지주들의 시위가 일어나면서 잠깐 사업이 표류하고 있었다.

이럴 때 국내의 유수 기업인 S 건설에서 환지 방식의 도시개발사업으로 전환, 민자로 추진하겠다는 적극적인 의지를 밝히고 울산시와 접촉하면서 필자에게 그동안 추진된 사업성과(지주동의서 등)를 인계해 달라는 요청이 왔다. 필자는 수많은 갈등과 고민 끝에 지주나 주민들을 위한 방법이 대기업에서 추진하는 것이 옳겠다는 판단에서 지주조합의 비상대책위원회와 지주대표들, S 건설사의 담당과 함께 배석한 자리에서 투입비 정산을 조건으로 그동안의 사업성과를 인계하였다.

그 후 S 건설사는 사업에 착수하여 공사를 진행하였으나 문화재 문제로 약 2~3년간 고생 끝에 정상화되었다. 하지만 마무리는 H 건설로 변경되었고 오늘의 산하지구 대단위 아파트단지가 들어서고 도시개발 사업이 완성되었다.

필자는 외자 유치 과정과 노력에 아쉬움이 남았지만 거대한 도시개발사업의 기초를 닦아 대형건설사에서 사업을 마무리하여 주민들의 숙원사업이 이루어졌다는 보람으로 만족하기로 하였다. 이때 알았던 싱가포르 컨설팅 회사의 H씨는 그 후 2006년에 라오스 개발을 위해 태국에서 라오스로 가는 비행기 안에서 우연히 만나게 되었다.

이분은 필자가 라오스 개발을 하면 외자 유치에 적극적인 도움을 주
겠다고 하면서 헤어졌다. 이런 분은 수수료가 좀 비싸도 일을 제대로
하는 브로커 같았다.

THE PHILANTHART FOUNDATION

✦ CHARITABLE BODY. BUSINESS MIND: ✦

LONDON HEADQUARTI

12 St. James's Squ
Lon
SW1Y 4

Tel. +44 2078 496
Fax +44 8452 802
www.philanthart

2 November, 2002

BRIAN M. I
Managing Dir

Honourable Mayor
Ulsan Metropolitan City
Ulsan
South Korea

ABDUL H. BAC
*Director, Investin
& Business Develop.*

BRIAN MELVI
Director, Corporate Fin

Dear Sir:

ZACHARY TAY
Chairman of the Bt

KANGDONG AREA CITY DEVELOPMENT PROJECT

We write to express our sincere interest in pursuing the above referenced commercial
development project, based on the preliminary information which you have supplied to
us.

It is our present understanding that you wish to undertake the purchase/re-allocation of a
considerable tract of land outside Ulsan, and develop it as a planned suburb thereof,
likely at a cost of **$140 million USD**. It is our belief that our Foundation might be of
assistance in bringing your project to fruition, primarily by joining its current developers
as joint-venture partners, and subsequently utilising our assets as supporting collateral for
financing the same.

We understand that full audited feasibility studies have been conducted, and business
plans have been issued, that indicate the viability and likely profitability of the project at
large. At present, in light of our interest, we would ask that you forward a complete
dossier covering the Kangdong Project to the address above, translated into English if
possible, and including any feasibility studies and business plans, so that we may perform
a more careful review of your proposal and reach a final decision as to our commitment
thereto.

Please do not hesitate to contact us with any questions you may have. We look forward
to hearing from you.

Most sincerely,

Abdul Hameed Baqavi, M.A.
Director, Investments and Business Development

cc: Mr. Jimmy Hong, Widehope Investments

[사례 10]

라오스 금광개발 프로젝트

2005년 9월에 라오스 비엥 칸(Vieng Khan) 금광개발 및 도로건설 프로젝트에 대한 J 개발의 요청으로 동업에 대한 MOU(Memorandum of Understanding)를 체결하였다. 금광개발은 라오스 정부와 VICO 그룹 지분이 35%, 한국 측이 65%였고, J 개발과 필자는 65%에 대하여 50:50으로 하기로 하였다.

이 금광은 미국의 전문자원개발회사인 뉴먼트사에서 기초탐사 및 시추탐사를 완료한 것으로 사업성은 거의 확실한 프로젝트였다.

현지답사를 하기 전 J 개발과 필자는 50:50의 지분과 업무분담을 하였다. J 개발은 수주예산의 조달 및 라오스 측과의 코디네이터 역할을 하기로 하고, 필자는 기술지원, 인력, 기자재 조달업무를 하기로 합의하였다. 그리고 2006년에 약 8일간의 일정으로 J 개발과 함께 총 5명의 인원으로 라오스를 직접 방문하였다.

라오스의 VICO 그룹의 형제 오너가 안내를 하였다. 이들은 라오스의 재벌가였고 프랑스에서 학위를 받은 지식층이었다. 라오스 정부에 대한 영향력이 대단하였고 라오스 정부 역시 매우 적극적이었다. 라오스 정부 서열 5위의 고위인사와 면담을 하였는데 라오스는 미개발국이므로 개발 대상이 무궁무진하니 함께 가자는 것이었다.

지금은 인천공항에서 라오스 직항도 있지만, 그 당시는 태국 방콕에 가서 라오스로 가야 했다. 소형 프로펠러 비행기가 하루에 한 편밖에 없는 노선이었다. 라오스 공항에 도착하니 이것이 공항인가 의구심이 들 정도로 초라하였다. 우리나라 50년대 후반 같은 경제 수준으로 보였다. 수도 비엔티안에서도 휴대전화가 되질 않았고 메콩강 부근에 가면 겨우 간헐적으로 통신이 연결될 때가 있을 정도였다.

현장 답사를 해보니 수도 비엔티안에서 비포장도로를 한참 동안

가야 하고 통신 시설은 아예 없었다. 어느 시골길에서는 가던 버스가 멈추고 사람들이 우르르 내려서 싸서 온 음식을 먹는 풍경이 있어서 물어보니 장 보러 가는 중인데 버스 타고 가는 도중 식사를 한다는 것이었다.

당시 라오스의 사업가들을 만나보니 우리가 어릴 적 50년대와 60년대에 미국인을 보면 최고의 선진국 사람들이라고 해서 공공연히 주눅이 들었던 것처럼 우리를 보는 눈빛과 태도가 그때와 흡사함을 느꼈다. 자동차를 만드는 나라 'South Korea'를 대단하게 부러워하며 선진국으로 여기는 것이었다. 도심에 승용차는 일본산이 많고, 트럭과 건설기계는 한국산이 많은 듯 보였다. 도심에 인력거가 다니고 최고급 호텔 1일 숙박료가 조식 뷔페 포함 우리 돈 7만 원 정도였다.

라오스에 정착한 한국인들도 몇 분 만났는데 대부분 요식업에 종사했고 한 분은 자원개발(수정, 비치 등)을 하는 사업가도 있었다. 모두 수년간의 고생 끝에 어느 정도 자리를 잡은 것 같았다.

실제 금광개발이나 도로건설 등 라오스 정부 발주 공사에 대한 미련이 있었지만 너무나 열악한 환경에 가족과 떨어져 통신도 안 되는 그곳에서 일한다는 것이 마음이 내키지 않아서 결국은 사업을 포기하고 말았다. 그 이후 라오스는 점차 세계에 알려지기 시작했고 각국의 사업가들이 찾는 나라가 되어가고 있다.

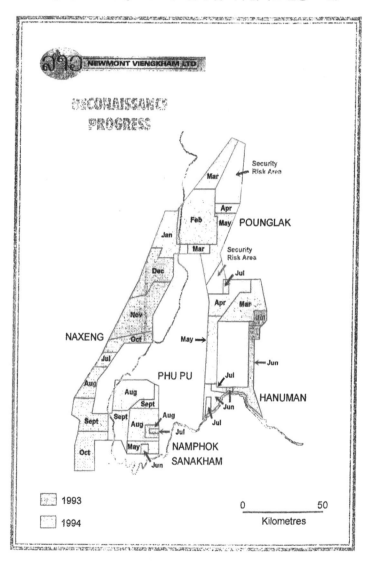

[사례 11]
C씨의 소송사건

2013년 4월경 난데없는 민사소송 소장이 송달되어왔다. 원고인 C 씨는 석산 개발과 관련되어 1999년경 산주에게 1억 6천만 원을 대여해주었던 적이 있었다. C씨는 당시 실투자자인 필자에게는 상의 없이 산주에게 돈을 대여해주고 개발권을 행사하려 하였으나 자금력 및 시공능력 등 모든 여건을 갖추지 못한 브로커였다. 석산을 개발하면 황금알을 낳는 거위로 여기고 진행 과정에서 투입되는 자금이나 시공능력, 개발에 대한 전문지식 등 수많은 어려운 과정과 절차에 대해서는 깊이 생각하지 않은 것 같았다.

표류 중이던 사업을 산주와 함께 정상화하기로 하고 산주가 직접 시공을 하기로 하였다. 이후 산주는 2004년경부터 분할하여 C씨에게 돈을 상환하였다. C씨는 이러한 도중 뇌출혈로 쓰러져 보행에 불편을 겪는 장애를 가지게 되었다. 필자는 산주에게 C씨가 장애를 가진 점을 고려하여 원금 이상으로 갚아 줄 것을 주문하였고, 1억 8천 7백만 원을 여러 차례에 걸쳐 변제토록 하였다. 또한 C씨가 병석에 있을 때 필자는 약간의 병원비 및 여비를 도와주었다. 어찌 되었든 필자가 관여된 프로젝트에 개입이 되었던 점과 지병으로 장애를 가진 점, 나이가 많은 점 등을 고려할 때 인간적으로 연민의 정을 느껴서였다.

이러함에도 돈을 변제받지 못하였다고 필자에게 주지도 않은 돈을 달라고 소송을 한 것은 그야말로 황당하고 어처구니없는 일이었다. 심지어 법원에 증거자료로 제출하는 서류를 보면 가짜로 서류를 만들어 다른 서류에 있는 필자의 서명을 덧붙여 복사하여 사본을 법원에 제출하곤 하였다. 약 2년 이상의 소송 끝에 1심과 2심을 승소하였으나 인간적인 배신감을 느껴 쓸쓸한 마음을 지울길이 없었다. 이는 소송을 이용한 사기행각으로 형사고소의 대상이 되지만 장애인이 되어있는 점을 고려하여 필자는 더 이상의 문제를 확대하지 않기로 하고 인간적인 배신감에 대하여 인내심으로 견뎌내었다.

C씨의 마음을 추측건대 세월이 많이 지났으니 증거자료를 보관하고 있지 않을 것이라는 본인의 자의적인 판단과 소송이라도 하여 괴롭히면 금전적인 합의요청이 있을 것이라는 억측에서 소송을 진행하였던 것 같았다. 법원에서 얼굴이라도 마주치면 시선을 피하고 도망치듯 자리를 떠나곤 했다.

진심으로 우려하고 조금이라도 도와주려고 했던 사람에게 어떻게 이럴 수가 있는가 하는 생각이 들었고, 정말 알 수 없는 것이 사람의 마음이고 상상할 수 없는 인격을 가진 사람이 이 세상에 너무나 많이 존재하는 것을 체감한 후로는 사람 만나는 것이 두려울 때가 있었다.

삶은 모든 것이 자신을 다듬어가는 과정

다시 한번 해보고 싶다.

과거로 돌아가 새롭게 인생을 산다면 이렇게 해볼 텐데……

순간순간이 쌓여서 영원으로 통하는 길인데 그 순간순간들을 어리석은 판단과 무지로 후회를 남기는 일들이 얼마나 많은가?

삶의 지혜를 얻기 위해 길을 찾는 것은 평생을 걸쳐서 행하는 수도자의 고행만큼이나 어렵고 기나긴 과정이다. 지금, 이 순간도 삶의 지혜를 터득했다고 볼 수 없는 자신을 거울에 비춰보며, 이러한 갈증과 욕구가 가슴속에 잔잔히 깔려 있는 마음이기에 자괴감이 들 때도 있다.

매일매일의 생활 속에서 저녁 시간이 되면 무엇인가 공허한 마음과 아쉬움이 남고, 달라지는 내일을 기대해 보기도 한다.

삶의 과정을 돌이켜보면 모든 것이 자신을 다듬어가는 과정과 수없이 부대끼는 인간관계에서 출발하고, 그 영향력이 전 생애에 걸쳐 파급력을 미치고 있다.

이 책이 필자가 경영하고 있는 회사의 직원들과 자식들 그리고 젊은이들에게 자그마하나마 살아가는 지혜를 구하는 데 약간의 도움이라도 되었으면 하는 소망을 가져본다.